宇宙智能

钱志新 ◎ 著

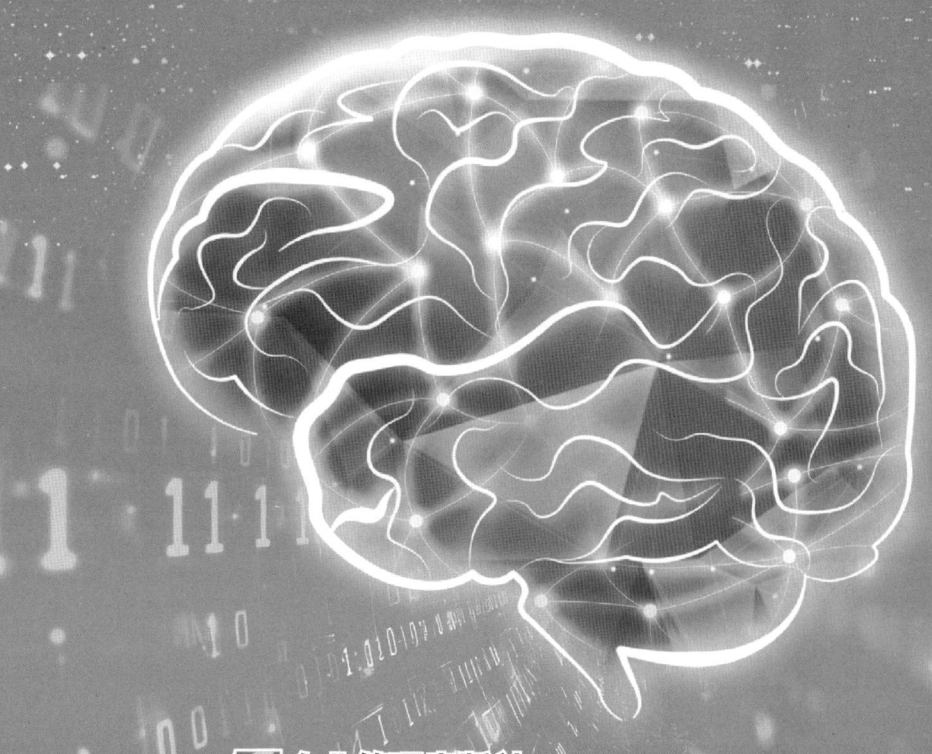

企业管理出版社

图书在版编目（CIP）数据

宇宙智能 / 钱志新著 . -- 北京：企业管理出版社，
2025.7. -- ISBN 978-7-5164-3303-4

Ⅰ . B016.8

中国国家版本馆 CIP 数据核字第 2025C8E080 号

书　　　名：宇宙智能
书　　　号：ISBN 978-7-5164-3303-4
作　　　者：钱志新
特约策划：唐琦林
策　　　划：杨慧芳
责任编辑：李雪松
出版发行：企业管理出版社
经　　　销：新华书店
地　　　址：北京市海淀区紫竹院南路 17 号　　邮编：100048
网　　　址：http://www.emph.cn　　　　电子信箱：314819720@qq.com
电　　　话：发行部（010）68417763　68414644　编辑部（010）68420309
印　　　刷：北京亿友数字印刷有限公司
版　　　次：2025 年 7 月第 1 版
印　　　次：2025 年 7 月第 1 次印刷
开　　　本：710mm×1000mm　　1/16
印　　　张：12
字　　　数：130 千字
定　　　价：58.00 元

版权所有　　翻印必究·印装有误　　负责调换

前言

千百年来，人类对宇宙的探索经历了一个漫长而深刻的演变过程。从古代的天文学观测到现代的宇宙学研究，人类对宇宙的认识逐渐深化，从表面上的现象观测深入到了对宇宙本质的追问。这一过程中，科学技术的进步起到了至关重要的作用，使得人类能够逐步揭开宇宙的神秘面纱。

"宇宙之树"指向可观测的宇宙结构与现象，而"宇宙之根"则聚焦本源性问题。研究宇宙首先从"宇宙之树"开始，对此人们已经积累了丰富的成果。随着研究的深入，应该从研究"宇宙之树"向研究"宇宙之根"发展。综合集成对"宇宙"和"智能"两大方面的研究成果，一个新的认知正在明晰，"宇宙智能"是"宇宙之根"，这是宇宙的内在本质。"宇宙智能"或将成为宇宙生成发展的第一律。

老子在《道德经》中说："道生一，一生二，二生三，三生万物。"这里的"三"并不是指具体的数字"三"，而是代表一种变化和多样性。宇宙中充满了各种神秘且令人惊叹的现象，随着科学技术的进步，我们有望揭开更多宇宙的秘密。

智能的本质是对变化的应变，宇宙智能是应对变化的原动力。由于宇宙强大的信息处理能力，将混沌转化为有序，向有利方向发展，从而使宇宙不断从低级走向高级，宇宙智能成为宇宙生存与发展的原动力，为宇宙的第一性原理。宇宙作为一个超级智能体，其应对变化的能力和复杂性正是其智能的本质体现。这就是宇宙智能的根本奥秘。

近年来，人工智能的研发和应用正在以前所未有的速度增长，成为当前全球创新最活跃的领域之一，人们正迎来智能化升级浪潮。人工智能基础理论也在不断推陈出新，哲学思考更为智能世界发展提供了文化根源和新视角。

多年来，笔者对"智能世界"潜心学习和研究，写了多篇相关研究论文，最终探究到"宇宙智能"。"宇宙智能"作为一个研究领域，目前仍然处于探索阶段，涉及物理学、计算机科学、哲学等多个学科。《宇宙智

能》新著是笔者长期学习和研究的认知集成，仅是好奇心所现，旨在与广大读者共同学习、讨论和研究。

《宇宙智能》正文共十章，主要内容包括三大部分：宇宙智能的理性思维；宇宙智能的进化发展；智能对经济社会的作用。为了更好地理解正文，新增了20个专题内容。

不同领域的研究共同推动了智能世界的发展，同样存在不同观点和争论。《宇宙智能》新著是在实践中不断完善的，但仍然存在一些瑕疵，希望读者们能够提出宝贵的意见和建议。

目录

宇宙智能

第一章 宇宙第一律……………………………………… 3
　一、宇宙创生…………………………………………… 3
　二、宇宙元规律………………………………………… 6
第二章 智能之构成……………………………………… 11
　一、数字………………………………………………… 12
　二、函数………………………………………………… 14
　三、计算………………………………………………… 16
第三章 智能之本质……………………………………… 19
　一、智能核心…………………………………………… 19
　二、智能机制…………………………………………… 22
　三、智能关键…………………………………………… 24
第四章 智能之进化……………………………………… 27
　一、物理智能…………………………………………… 27
　二、生物智能…………………………………………… 30

三、人类智能 ………………………………………… 32

第五章　人工智能 …………………………………………… 37
　　一、新科技革命 ……………………………………… 37
　　二、AI 组成 …………………………………………… 40
　　三、AI 学习方法 ……………………………………… 42
　　四、AI 大模型 ………………………………………… 44
　　五、元宇宙 …………………………………………… 47
　　六、奇点时刻 ………………………………………… 49

第六章　新智能 ……………………………………………… 51
　　一、碳硅融合 ………………………………………… 51
　　二、走向太空 ………………………………………… 54
　　三、人类永生 ………………………………………… 56

第七章　认知革命 …………………………………………… 59
　　一、传统认知范式 …………………………………… 59
　　二、AI 新范式 ………………………………………… 60
　　三、认知新革命 ……………………………………… 61

第八章　智能之用 …………………………………………… 63
　　一、大模型的运用方式 ……………………………… 63
　　二、大模型底座 ……………………………………… 65
　　三、新工具 …………………………………………… 66
　　四、新能力 …………………………………………… 68
　　五、新伙伴 …………………………………………… 69

第九章　智能时代 …………………………………………… 71
　　一、智能人才 ………………………………………… 71

二、智能经济……………………………………… 75

三、智能社会……………………………………… 81

第十章 宇宙之真谛…………………………………… 87

专　　题

第一讲	数字化本质…………………………………… 92
第二讲	大数据………………………………………… 96
第三讲	云计算………………………………………… 101
第四讲	物联网………………………………………… 106
第五讲	区块链………………………………………… 111
第六讲	数字孪生……………………………………… 116
第七讲	虚拟现实……………………………………… 120
第八讲	脑机接口……………………………………… 125
第九讲	人工智能……………………………………… 129
第十讲	大模型………………………………………… 134
第十一讲	智能体……………………………………… 138
第十二讲	数字经济…………………………………… 142
第十三讲	电子商务…………………………………… 148
第十四讲	元宇宙……………………………………… 152
第十五讲	新范式……………………………………… 157
第十六讲	知识大脑…………………………………… 161
第十七讲	数字化人才………………………………… 164

第十八讲　智能经济…………………………………… 169

第十九讲　数字化改革………………………………… 172

第二十讲　硅基生命…………………………………… 176

后记……………………………………………………… 181

宇宙智能

宇宙智能演化理论（Omega Theory）认为宇宙是一个不断演化的智能体，智能既是宇宙自身的本源，又是宇宙演化的动能，研究宇宙智能对揭示宇宙的本质具有决定性意义。

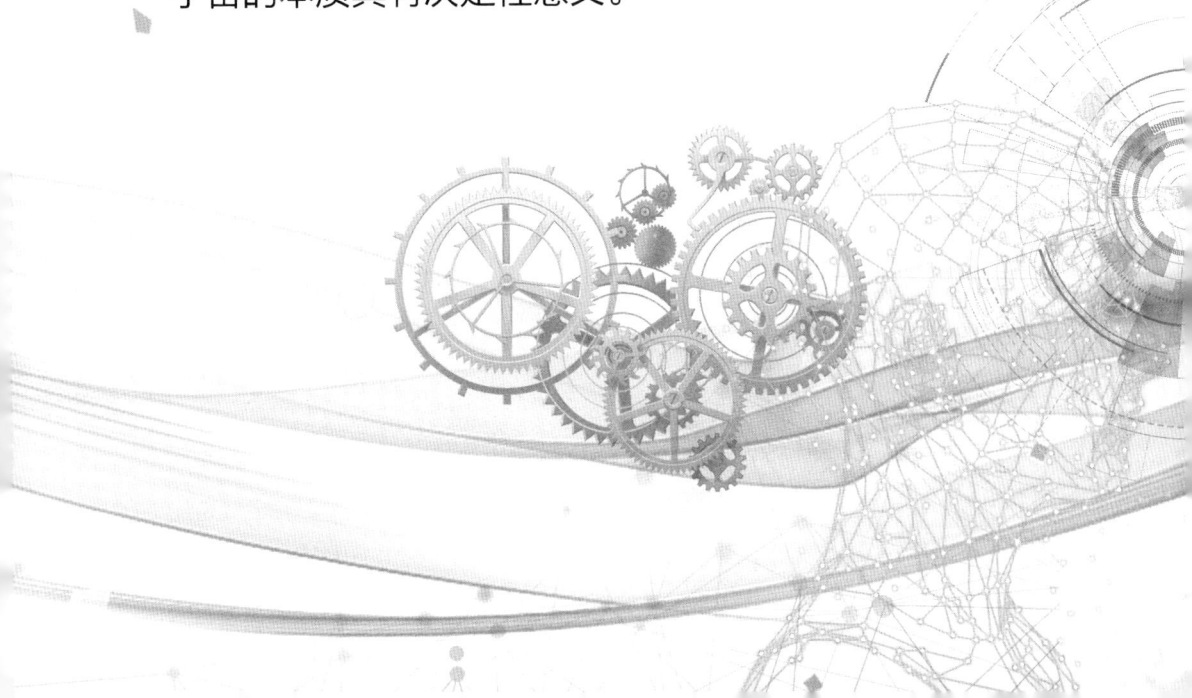

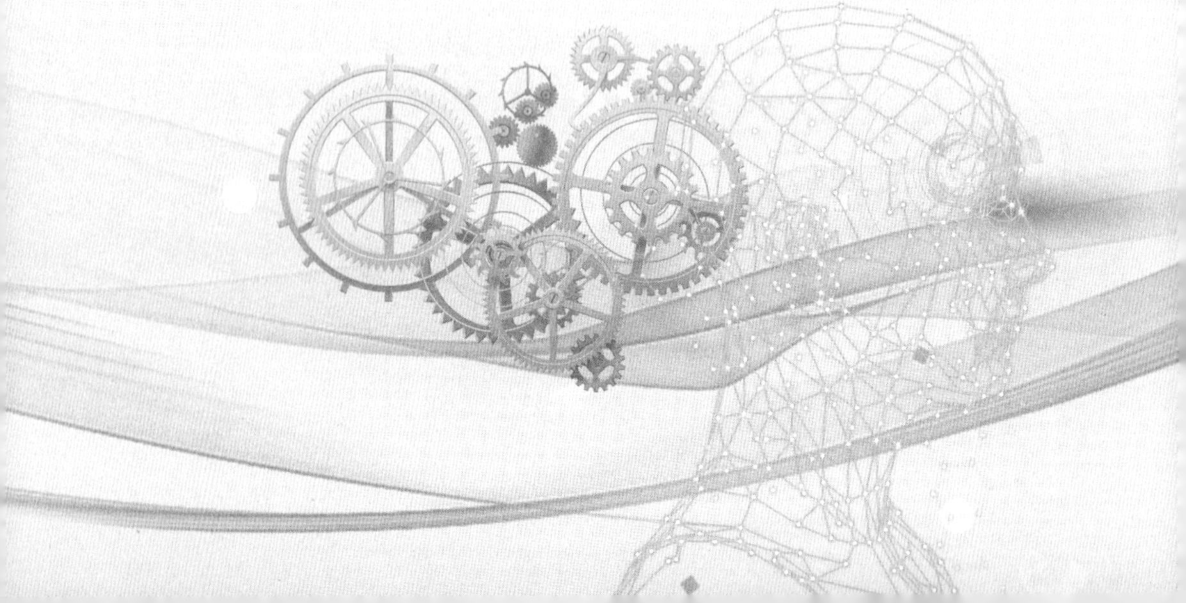

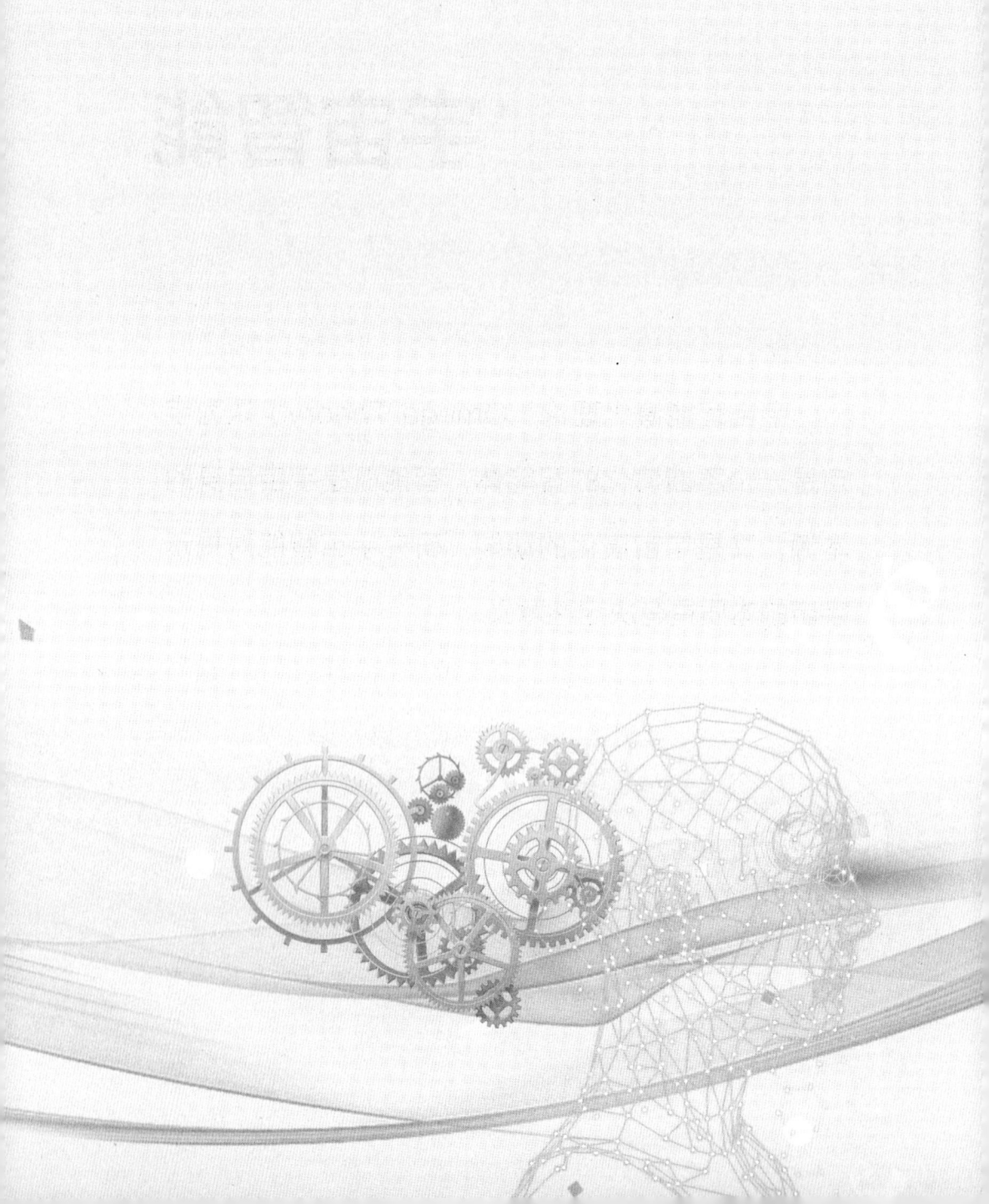

第一章 宇宙第一律

智能在元宇宙的生成和发展中具有十分重要的地位,不仅是元宇宙的"构建者",更是其持续进化的"催化剂"。随着认知计算、量子计算等技术的突破,智能将从工具属性升维为元宇宙的"共生伙伴",推动虚拟世界从功能化迈向生态化,为人们带来更丰富的生活体验。

一、宇宙创生

(一)信息为本

全息理论(Holographic Principle)是现代理论物理学中的一个重要概念,主要源于对黑洞热力学和量子引力的研究。它提出了一种颠覆传统时空观的观点:

描述一个空间区域的所有信息，可以编码在该区域的边界上，类似于全息图（Hologram）的二维表面记录三维图像信息的方式。全息理论认为：138亿年前宇宙大爆炸并非绝对的起源时刻，其前身竟有原生宇宙——一个硕大无比的"超级信息盘"，存储着宇宙所有的原始编码。在宇宙大爆炸那一刻，"超级信息盘"转化为动态的"宇宙信息场"，将潜在的信息结构演化为时空维度和基本粒子。信息相变是宇宙大爆炸的本质机制，宇宙以信息为根本。

宇宙模型与中国道家哲学形成呼应，"道生一，一生二，二生三，三生万物"，这是宇宙的创生序列。所谓"道"，正是宇宙创生的"超级信息盘"，其"无状之状，无物之象"的特征，较好对应信息场尚未显化为宇宙的原始状态。老子强调"天下万物生于有，有生于无"，此处的"无"，并非绝对虚空，而是蕴藏无限潜能的信息海洋。

（二）信息与物质、能量

关于宇宙的构成，不同的理论有不同的观点。有人认为，宇宙是由信息、物质、能量构成的，其中信息有着重要的作用，信息在底层结构上决定物质与能量的形态与变化。

信息以物质为基础，成为载体密码。物质的存在形式本质上是由信息决定的，每个基本粒子都携带着特定的信息编码，这些编码决定了粒子的状态和相互作用的方式。物质所包含的信息量与其表面面积成正比，显示物质是信息的全息投影。

信息以能量为动力，成为媒介载体。物质与能量互相转化成为统一体，聚之为物质，散之为能量。真空并非空无一物，而是充满能量的海洋，能量海洋的涨落都承载着信息，信息通过能量媒介，聚集在稳定的物质形态中。

（三）量子信息

在宇宙尺度上，量子信息扮演着"宇宙程序"的角色，所有物理现象都遵循量子编码的规则，量子信息成为宇宙运行的基本规则，量子信息以量子比特为基本单元。

量子信息在宇宙演化中起到决定性作用，量子信息的全息方式存储在时空表面，通过宇宙的量子信息密码，可以理解时空的本质，编织宇宙的基本结构。

量子信息的本质体现在三个方面，即量子叠加、量子纠缠和量子隧穿。量子叠加允许一个量子比特同时表示为0和1；量子纠缠使得相隔遥远的粒子能够共享信息；量子隧穿则展示量子信息跨越能量壁垒的能力。其中，量子纠缠成为"神经网络"，这是宇宙智能的秘密所在。

二、宇宙元规律

（一）宇宙信息网络

全息理论表明：宇宙中所有信息都包含在一个二维表面上，类似于一个全息照片。信息以某种形式编码存在于宇宙的边界上，通过某种机制投射到我们所感知的三维空间。我们所感知的世界是这个更高维度信息场在三维空间的投影，类似于全息图像。全息理论的核心概念具有整体性特征，它认为宇宙是一个相互关联的整体，每个部分都包含了整体的少量信息。

宇宙本身可能是一个由多个交互量子系统构成的庞大计算机，宇宙信息网络中的量子计算机可能代表了一种终极计算范式，宇宙中的每个演化均可视为量子计算的叠加态。在宇宙信息网络中，量子计算机通过量子叠加和量子纠缠来处理信息，量子叠加能够大规模并行处理信息，量子纠缠使得信息在宇宙中能够瞬间传递，因此宇宙信息网络处理是十分高效的。这种模型下，传统计算机无法解决的复杂天体物理问题（如暗物质分布、引力波传播）可能通过量子并行性高效处理。现阶段，量子技术的现实应用更集中于加密、模拟和特定算法加速，而超光速信息传递仍受限于量子力学基本原理，距离宇宙级运算仍有多个数量级差距。因此，全息理论认为：宇宙中所有信息都是可以编码的，以此来构成巨大无比的宇宙信息大网络，而整个宇宙如同信息处理的大机器，这就如一台量子计算机，对信息系统进行处理。因此，宇宙的演化过程也被称作信息的处理过程。

（二）信息与熵

熵是系统无序度的度量，孤立系统的熵随时间增加，形成熵增现象。信息与熵密切相关，信息丢失意味熵增。信息是有序度的度量，熵增的本质是事物从有序到无序的变化过程。关于熵的几个概念第一个是熵，熵是用来表示一个系统内在的混乱程度；第二个是熵增，熵增则用来表示一个系统从相对有序的状态向相对无序的状态的演变；反熵增则反之。在物理世界中，事物发展的必然规律是从有序到无序。宇宙整体上是不断熵增的，但局部区域可以产生有序结构，这就是耗散结构。这种耗散结构是远离平衡态的稳定结构，耗散结构为开放系统，在输入能量的条件下变得有序。信息通过存储、传递和处理，可以在局部抵御熵增，构成和维护有序结构。

我们把这种规律称为熵增定律。我们能观察到的物质世界基本上是一个熵增的世界，能量从高处往低处流动。

然而生命以"负熵"为生，人类生存活动是一个反熵增的行为。负熵，也称为负信息熵，指的是在一个系统中，信息的有序程度高于混沌程度的情况。对于生命而言，负熵是十分重要的，因为生命是建立在一定的有序性之上的。信息为负熵，减少熵使系统从无序走向有序。因此，我们努力把世界变成一个熵减的世界。这也就能解释为什么放弃容易，坚持很难；为什么分心容易，专注很难；为什么懒散容易，自律很难。可以说，我们反熵增的行为是跟时间在赛跑。当反熵增跑赢时间造成的熵增时，事物才会按希望的方向发展。

（三）超级智能

宇宙以信息为本，整个宇宙是一个复杂的信息网络系统，通过信息的负熵机制，使宇宙信息系统由混沌走向有序，由不确定走向确定，从而使宇宙不断从简单到复杂，从低级到高级演化发展，整个复杂过程是宇宙智能的形成过程，在这个过程中宇宙逐渐成为自编程的智能体。

宇宙作为一个复杂的信息网络系统，通过信息的负熵机制来维持其内部的有序状态。这种负熵机制在生命体和宇宙尺度上都有重要的应用，是维持系统稳定和有序的关键。

宇宙作为一个整体智能体在不断演化，主宰着整个宇宙运行的全部过程。智能相关的概念和机制在宇宙演化中具有重要地位，它可能与宇宙运行的原动力存在紧密联系。随着科学技术的发展，我们有望更深入地了解宇宙的本质和运行机制。宇宙智能力量之大，万物都以生命和思维为中心而构建和运动，从中可以揭示：智能可能为宇宙发展之元规律，也极有可能成为宇宙所有规律中的首要规律。

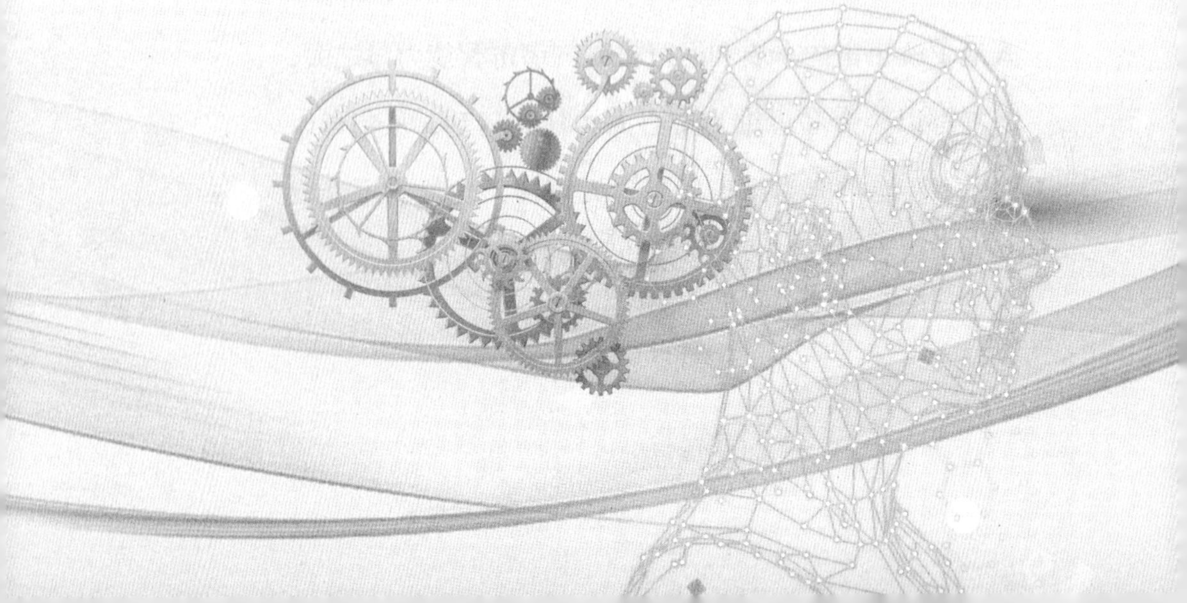

第二章　智能之构成

　　智能体被视为宇宙的基本构成单位，而宇宙作为智能体的演化状态决定了许多基础科学概念的呈现方式，包括客观与主观、确定性与不确定性、时间与空间等关键问题。智能体的本质其实是信息处理。人工智能在元宇宙中的应用不仅涵盖了多个技术领域，还在推动整个元宇宙生态系统的构建和发展。从自然语言处理到生成式 AI，再到数字孪生和神经接口，每一种技术都在为元宇宙的智能化和个性化发展提供支持。随着技术的不断进步和应用场景的扩展，人工智能在元宇宙中发挥着关键作用，带来了更多的创新和变革。

　　数字、函数、计算是构建智能系统的基础元素。同时智能还需要算法、机器学习、数据分析、模式识别等多种技术和方法的支持。

一、数字

（一）万物皆数

元宇宙中的虚拟资产、虚拟身份和虚拟场景是以数字形式存在的。数字是信息的载体和基础，无论是现实世界中的物理量还是虚拟世界中的数据，都可以用数字来表达。

古希腊数学家、哲学家毕达哥拉斯的名言"万物皆数"，中国周易认为"易经之源为数"。宇宙中的信息最终都以数字来表达，最为核心的数字"0"与"1"，构成数字世界的一切。

总之，万物的底层都是数字，万物表示存在方式，数字代表根本属性。

（二）无数不智

万物的基础逻辑皆为数字，无数而不智。数字有两大本能优势：一是数字的洞察力，数字能洞察复杂事物的本质，从深层次看透事物的规律；二是数字的应变力，数字能随事物的变化而变化，实现以变应变。宇宙万物都能量化为数字，数字承载着所有规律的密码，这就是数字智能的奥秘。数字人作为元宇宙中信息交互的载体，承担了服务实现与信息传递的角色，是现实世界与元宇宙互动关联的重要媒介。随着信息技术革命的发展，数字经济成为一种新的经济形态。大数据、云计算等新技术的融合推动了物联网的迅速发展，实现了人与人、人与物、物与物的互联互通。这种数字化的趋势不仅改变了经济结构，也深刻影响了人类的生产和生活方式。

（三）两个一切

数字从根本上求解万事，实施"两个一切"：一是数字决定事物的存在和发展方式；二是数字驱动一切，用数字来驱动万事万物，万事万物通过转化为数字而产生价值，再将数字价值回到万事万物中去，实现价值的闭环。从古至今，数字在解释和决定万事万物中的作用一直在不断发展和深化。无论是从哲学的角度还是从现代信息技术的角度，数字都扮演着至关重要的角色。

二、函数

（一）数学语言

函数是数学和编程中的基本概念，用于描述输入和输出之间的关系，就像一台精密的仪器，输入特定的值，就会得到确定的输出。在 AI 中，函数用于建模和预测；在元宇宙中，函数用于定义虚拟世界的规则；在 Web 3.0 中，函数用于实现智能合约。这个看似简单的概念，却蕴含着宇宙运行的深层逻辑。

函数作为解释世界的精确语言，有三大组成：其一参数，即组成函数的各种元素，这是函数的基础；其二关系，即参数之间的相互关系，这是函数的关键；其三权重，即每个参数的重要程度，这是函数的核心，权重在函数中起到决定性作用。

（二）函数系统

马克思指出，一种科学，只有在成功地运用数学时，才算达到了真正完善的地步。恩格斯也认为，任何一门科学的真正完善在于数学工具的广泛应用。理论思维是科学发展的关键，而数学作为理论思维的重要工具，能够帮助科学家们从大量的经验数据中提炼出普遍规律。

  世界是由无数函数构成的复杂系统，函数系统的表示形式是公式，数学公式是描述函数系统的基本工具，它们以简洁而优雅的方式捕捉了自然界和人造系统中的规律。如牛顿的万有引力定律、爱因斯坦的质能方程、詹姆斯·克拉克·麦克斯韦的电磁方程组等。在探讨宇宙的根本函数时，我们可以从欧拉公式中获得信息。欧拉公式以其简洁和深刻性，将数学中最重要的几个常数联系在一起，被认为是数学中最合理的公式之一。如果要描述宇宙从诞生到终结的全部过程，一个类似于欧拉公式的函数系统不仅包含了宇宙的膨胀过程，还可能包含了宇宙的周期性变化和终结状态，可以简洁而深刻地描述宇宙从诞生到终结的全部过程。通过进一步的研究和探索，我们可能会发现更多关于宇宙本质的奥秘。

三、计算

（一）计算能力

关于宇宙的本质，科学和哲学界并没有一个完全被接受的、统一的观点。不同的学科和理论提供了多种解释，包括物理学、哲学、宗教、生物学、神经科学等。每种观点都有其独特的价值和意义，我们需要尊重和接纳不同的观点，以更加全面和深刻地认识宇宙的本质和规律。

从数学和信息论的角度来看，宇宙的本质也可以被描述为一种数学结构或信息处理过程。一些科学家和哲学家认为，宇宙是由基本信息单元构成的，这些信息单元之间的相互作用决定了宇宙的本质和演化。

史蒂芬·沃尔夫勒姆在其著作中提出，宇宙处于永恒的运动和演化之中，其本质是计算，这种计算过程可以通过数学函数来描述。他认为，宇宙的基本粒子和力场之间的相互作用可以被视为一种计算过程，这种过程决定了宇宙的结构和演化。宇宙好似一台无与伦比的量子计算机，每时每刻都在进行着无比复杂的计算，具有超强的计算能力。与传统计算机依赖外部能量不同，宇宙通过量子引力相互作用实现能量的自给自足，满足能量守恒定律。这种特性使宇宙成为一个独立、闭环的计算系统。

（二）计算能量

在宇宙中，能量的形式多种多样，包括但不限于电磁能、化学能、核能和机械能等。这些能量形式可以相互转换，但总能量保持守恒，这是热力学第一定律所描述的。宇宙中的能量通过各种物理过程进行转换和传递，从而驱动宇宙中的各种现象，包括星系的形成、恒星的燃烧和生命的演化等。

能量自身蕴含着进行计算的能力，这一观点可以从热力学和信息论的角度来理解。根据热力学第二定律，任何信息处理过程都会产生熵增，而熵增需要消耗能量。因此，能量是进行计算的必要条件。

计算与能量密不可分，计算需要消耗能量，能量自身蕴含着进行计算的能力。宇宙中的能量通过各种形式和过程进行转换和传递，驱动着宇宙中的各种计算过程，不同的计算方式效率不同，消耗的能量也不同，量子计算的效率较高，完成相同计算消耗的能量最小。

智能中的数字、函数、计算三者关系相互交织，共同构成宇宙智能的基石。在 AI、元宇宙和 Web 3.0 中，这三者分别扮演着不同的角色，但都不可或缺。数字为宇宙智能提供的表达方式，函数为探求宇宙智能的运行逻辑，计算为驱动宇宙智能的基本动力，三位一体形成一个智能体系。

第三章　智能之本质

智能的本质是以自主为核心的自组织、自适应、自进化。智能的自组织特性体现在它能够形成复杂的结构和功能，无须外部指令即可进行有效的协调和运作。自适应性意味着智能系统能够根据环境的变化调整自己的行为和策略，以达到最优的生存和发展的目的。而自进化则是指智能系统能够在没有外部干预的情况下，通过学习和经验积累不断改进和完善自己，实现自我提升和创新。

一、智能核心

自主是智能的核心基础，智能以自主为核心进行延伸。自主性体现决策独立性，智能则表现为决策的合理性与适应性。例如，自主无人系统需在不可预知

环境中通过推理实现目标，而非仅遵循固定指令。

自主性是智能体的核心特征之一，它使得智能体能够独立决策和行动，而智能性则赋予智能体类似人类的智慧、学习和适应能力。自主智能体是一种能够独立与环境互动、学习和适应的实体，主要任务是通过与环境的互动来获取信息，并根据这些信息来制定决策，从而实现目标。自主性在人工智能、计算机视觉、自然语言处理、机器学习、控制理论等不同的应用领域都发挥着重要作用。

（一）自组织

自组织是指一个系统在没有外部指令的条件下，按照相互默契的某种规则，各尽其责而又能够协调地、自动地形成有序结构的过程。在自组织过程中，系统内部的各个组成部分通过相互作用，自发地形成有序的结构和模式。这种自组织能力使得智能系统能够在外部没有干预的情况下，自动地完成任务。

自组织系统法是一种研究复杂系统的方法，它基于自组织理论，强调系统内部各个组成部分之间的相互作用和协调。这种方法认为，系统的秩序和结构并非完全由外部因素决定，而是通过系统内部的能量、物质和信息交换，自发地形成一种稳定的有序状态。自组织系统法的应用非常广泛，它可以用于研究自然界中的各种现象，如生物进化、生态系统的变化、天气模式等。此外，自组织系统法还可以应用于社会科学和工程领域，如人工智能和机器学习等。

（二）自适应

自适应要求系统根据反馈优化策略，是智能系统对环境的适应性。自适应使得系统能够根据外部环境的变化自主作出反应，并调整自身的结构和行为，以保持系统的稳定性。

自适应系统是指能够根据环境变化或任务需求自动调整其行为或结构的系统。它通过感知、学习和响应机制，能够在复杂和不确定的环境中保持系统的功能性、性能和稳定性及有效性。它通常具备反馈环路、决策机制和执行器，这些组件使系统能够感知变化、评估选项并作出调整。自适应系统的特征包括自主性、连续监控、决策能力、可执行性和自学习等。此外，某些自适应系统还能够随着时间的推移调整自身行为，通过学习和经验积累知识和技能。

（三）自进化

自进化是系统通过积累经验，优化结构和功能的过程。实现人工智能程序自进化的模式是程序自己修改自己的自循环。智能系统通过学习和积累经验来提升自身能力，不断优化结构和行为，向最有利的方向发展，以适应更加复杂的环境变化，获得最优解，从而实现智能的持续进化。

综上所述，智能的本质在于自主性，通过自组织生成秩序、自适应动态响应、自进化持续优化三者的协同，共同构成智能的核心。

二、智能机制

智能系统的运行机制：连接、交互、融合。

连接机制是指智能系统中各组成部分之间建立通信和数据传输的方式，确保系统各部分能协同工作，实现信息共享与交换。

交互模式是指智能系统与用户、其他系统或环境之间进行信息交换和互动的方式，包括人机交互、机机交互等。

融合发展是指不同类型的智能系统或技术相互结

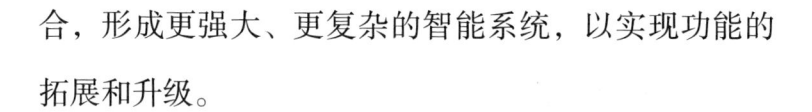

合，形成更强大、更复杂的智能系统，以实现功能的拓展和升级。

（一）参数连接

参数连接是智能系统运行的基础。智能系统中的参数连接通常指的是通过特定的网络结构，如全连接、局部连接等，将系统的各个参数相互关联起来。这种连接方式使得系统能够根据输入的数据和预设的规则，对参数进行调整和优化，从而实现对复杂任务的处理和决策。这种连接不仅包括硬件层面的物理连接，还包括软件层面的逻辑构成。连接的广度和深度直接影响系统的信息处理能力。

（二）参数交互

参数交互是智能系统运行的关键。参数交互作为智能系统运行的核心机制，其动态特性和复杂性直接影响系统的信息处理能力。在连接基础上，系统内部的参数在特定规则下进行动态交互，这种交互可以是线性的，即简单的加权求和；也可以是非线性的，即激活函数变换。参数的交互使得系统能够对所输入信息进行复杂的处理和转换，实现高效率运行。

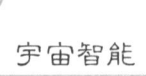

（三）参数融合

参数融合是智能系统运行的核心。在交互基础上，系统将不同来源、不同性质的参数进行融合，形成更加综合和高级的信息表征。这种融合可以是空间上的，即多模态信息的融合，也可以是时间上的，即序列信息的融合。参数的融合使系统能够从多角度、多层次理解信息，从而形成更加准确、全面和可靠的信息。其主要目的是通过对多元化数据的整合，消除或减少数据的不确定性和冗余，最终得出更为全面和准确的分析结果。参数融合可以提高决策的有效性，优化资源配置，并显著提升系统的可靠性和稳定性。

智能的生成是系统运行的最终目标，通过连接、交互、融合，系统将原始参数转化为智能结果输出，这一过程体现了智能系统的复杂运行机制。

三、智能关键

智能关键是指，智能系统从定性到定量的过程，从定性到定量是一个重要的转变。这一转变不仅涉及技术层面的提升，还涉及系统对用户需求理解的深化。

（一）恰到好处

智能的关键在于"恰到好处"，体现智能的精确性。智能参数的精准匹配有三个维度：其一，参数规模，参数要有一定的数量，但也不是参数越多越好；其二，参数交互力度，参数交互要有一定的强度，但也不是越强越好；其三，多目标之间的平衡点，突出主要目标，使系统处于最佳状态，实现智能系统的高效运作。

"恰到好处"与黄金分割存在关联，黄金分割比值约为0.618，常被视为具有美学价值的比例。在自然与智能系统中，部分场景如生物形态、智能系统参数优化等呈现出该比例特征，使黄金分割成为实现"恰到好处"的参考准则之一。但微观物理、生物进化及宏观智能系统运行受多种因素影响，并非都严格遵循黄金分割法则。

（二）智能涌现

智能涌现是从简单到复杂的跨越，系统中简单个体的相互作用积累到一定量值，就会达到一个临界值，一旦突破临界点，就出现"涌现"现象，"涌现"是复杂的群体智能，超越任何个体智能。

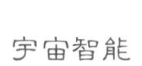

智能涌现的实现机制揭示复杂系统从简单个体到产生智能行为的奥秘：通过局部交互、自组织、正负反馈和环境适应等机制，系统能够实现从简单到复杂的跨越，产生超越个体能力的智能行为，实现"1+1>2"的大智能。

（三）智能度量

智能的量化是一个复杂而富有挑战性的课题，根据研究者已有的量化方法，主要有3个公式：

（1）系统价值公式

系统的价值与参数的数量成平方关系：

$C = N^2$，（其中C为价值，N为参数的规模）

（2）智能度量公式

$I\cos mic = \int_0^T \left(\frac{ds}{dt} \cdot Cp\right) dt$，（其中$I$为智能，$Cp$为认知潜能）

（3）方程

$I = \int_{t0}^{t} \left(\frac{do}{dt} \cdot \frac{dA}{dt} \cdot \frac{dE}{dt}\right)^{1/3} dt$，（其中$I$为智能，$O$为自组织度，$A$为自适应度，$E$为自进化度）。

第四章　智能之进化

在当今时代，智能技术正以前所未有的速度不断发展和进阶，在众多领域展现了其无限的升级潜力，将为人们的生活和社会的进步带来更多的可能性和变革。

一、物理智能

物理智能被视为宇宙自组织的原始智能。这种智能体现在宇宙的基本组成单元通过相互作用和适应性调整，从而达到一种稳定的有序状态。无论是宇宙神经网络理论还是可编程宇宙的观点，都支持了这一观点。

（一）宏观世界

宏观物理世界最初是由原始星云的气态微尘组成

的。这些气态微尘的初始运动是无序的。然而，随着时间的推移，这些微尘在引力的作用下开始聚集，逐渐形成了较为有序的结构。在无数的相互作用和不断碰撞中形成星球。星球又组成星系、星系团和总星系。如太阳系中的各个天体，包括行星、小行星、彗星和卫星等，都在黄道面上有序地运行，形成了一个稳定而和谐的系统。

宏观世界的演化是智能的，各方参与者在相互适应中走向有序融合。牛顿三大定律表达了宏观世界的智能规律。行星运动遵循着开普勒定律，描述天体运动的函数模型，将天体的轨道、引力、速度都用精确的数学公式来表达，显示宏观物理世界的大智能。

（二）微观世界

微观物理世界由基本粒子组成，基本粒子的最小单元是量子，量子的运动是无序的，以概率形式存在。量子的基本特征是量子叠加和量子纠缠，具有特殊的优势。微观世界的运行是智能的，大量的量子相互作用产生有序结构，构建各类基本粒子。

量子理论被称为物理世界的百岁"幽灵"，不少科学家都为其产生的神秘现象所迷惑，对于普通人来说自然更加高深。但若试着走近它,你会发现这个"幽灵"的魅力。一个物理量如果有最小的单元而不可连续的分割,就说这个物理量是量子化的,并把最小的单元称为量子。

奥地利物理学家埃尔温·薛定谔在1926年提出了薛定谔方程,该方程揭示了微观世界的智能规律,其概率分布是一个极其复杂的概率函数。该方程是量子力学中最基本的方程之一,它描述了微观粒子(如电子)的状态如何随时间演化。它的提出标志着量子力学的成熟。量子系统的"自主调整"本质是薛定谔方程支配下的动力学演化,而非传统意义的智能决策。薛定谔方程的重要性在于,它提供了一种数学工具,使得科学家能够预测和解释微观粒子的行为,这些行为在经典物理学中是无法理解和描述的,量子力学揭示了微观世界的智能规律。

(三)大统一理论

物理世界是统一的整体,微观和宏观之间存在着密切的联系。微观决定宏观,微观世界的粒子和它们的相互作用决定了宏观世界的性质和行为,产生宏观的概率优势,使混沌走向有序结构,两者统一的基本

规律就是智能。

长期以来物理学界始终如一地研究物理的大统一理论，这个理论的关键在于探求宏观世界与微观世界相互作用的智能函数和计算方法，是将物理问题转化为数学规律的大统一理论的求解之道。

二、生物智能

自然界从无机到有机、从有机到生命的演化是一个基于物理和化学规律的自然过程，在早期阶段不能简单地认为是智能不断发展的过程。虽然演化过程具有一定的有序性和方向性，但这与智能所包含的主动意识和学习能力有本质区别。随着生命的进化和发展，生物才逐渐展现出不同程度的智能特征。

（一）生物进化

生物是不断进化的，生物进化遵循自然选择、适者生存的法则。智能的最大特征是"适变"，进化是在生物与环境互动中推进的，越能适应的生物就进化得越快越好，这里的决定性因素是智能。

生物进化不仅是在与环境互动中推进的，也是由整个生物生态体系共同推进的。生态系统的物种互动、种群的数量变化都能够用正态分布、中心极限定律等函数模型来描述，各类生物互相作用、互相赋能，产生共同的智能，实现生物生态的加速进化。

随着科技的飞速发展，人类开始尝试将自然进化的奇迹转化为可以复制的机器智慧。人工智能的崛起，也由此成为智能演化的新篇章。人工智能不仅仅是对人类智能的模仿，它更是在某些领域逐渐展现出了超越人类的潜力。

（二）基因密码

生物的最小单元是基因 DNA，基因的本性是智能的，主要表现在四大方面：其一为密码，在基因的碱基对中有四个密码即"A、C、G、T"，通过四个密码的不同组合实现智能编码基因中的遗传信息是以密码子的形式存储的。其二为遗传，基因具有遗传信息的传递和表达功能。在传宗接代过程中，基因通过复制实现遗传信息由亲代到子代的传递。基因在环境的作用下，凡是不适应环境的基因就自行消亡，凡是适应环境的基因就得以遗传。DNA 的遗传信息是一个复杂的生物函数，基因序列是一段精密的程序代码，决定生物的形态、特征和进化方向，通过遗传的积累而不断进化。其三，变异和进化，基因可以通过突变、重组等方式发生变异，这些变异是生物进化和适应环境的基础。基因的变异和进化使得生物体能够适应不断变化的环境，从而生存和繁衍。其四调控，基因的表达受到复杂的调控机制的控制。这些调控机制包括基因启动子、增强子、抑制子等元件，以及转录因子、RNA干扰等分子机制。这些调控机制使得基因能够在适当的时间和地点以适当的方式表达，从而实现生物体的精细调控。

综上所述，基因的"智能性"主要体现在它们能够存储、传递和表达遗传信息，以及通过复杂的调控机制实现生物体的精细调控。这些特性使得基因在生物体中发挥着至关重要的作用。

三、人类智能

人类智能在自然智能的基础上得到了大幅度的提升，涵盖了更广泛的知识和技能，使得人类能够适应和改变复杂多变的环境。随着人类社会的发展，人类智能逐渐超越了自然智能的范畴，涵盖了更广泛的知

识和技能。人类智能不仅包括对自然环境的观察和分类能力，还包括认知、情感、行为等多种智能特征。人类智能的进化与人类社会的进化是同步的，人类文化的起源和发展与人类认知能力的提升密切相关。

（一）智人智能

在数百万年的人类发展历史中，大多数人种由于不适应环境变化而逐步消亡，唯有智人脱颖而出，并且不断繁衍生息，进化成为现代人类。智人的优势来自智能，主要体现在三个方面：一是智人的想象力，智人能想象现实中不存在的东西，想象力是创造力的源泉，是智人最宝贵的能力；二是智人的协作力，智人能组织群体协作，群体的相互合作产生更多的智能；三是智人的迁徙力，智人不断迁徙，从一隅走向世界各地，又从陆地走向海洋，再从海洋走向天空，每次迁徙都是智能的升级。

（二）工具革命

工具革命是人类智能的重要产物。从人类发展历程来看，工具革命是人类发挥创造力的成果。在遥远的史前时代，人类祖先用石头制作出最初的工具，这

是对自然界的一次伟大征服，展现了人类开始主动利用外界资源创造工具以满足生存需求的智慧。随着火的发现和金属的使用，工具变得更加坚固耐用，农业的发展使得人类社会得以稳定下来，城镇和文明随之诞生。人类先是发明了农业器具，在相互交往中又发明了语言，进而发明了文字，这些都表明人类智能的日益进步。

工业时代，工业革命极大地推进了智能的升级：第一次工业革命由蒸汽机带动了机械化；第二次工业革命由电力带动了电气化；第三次工业革命由计算机带动了自动化。

工具革命是人类智能的重要产物，推动了人类社会的不断进步和发展。在不同的时代背景下，人类能够根据实际需求推动工具革命，体现了人类的创造力、探索精神和适应性。

（三）认知革命

认知革命是指人类认知能力的革命性发展，这一概念源自尤瓦尔·赫拉利在《人类简史》中的分析。大约7万到3万年前，一场偶然的基因突变使得智人的认知能力发生了飞跃，出现了新的思维和沟通方式。这种新的思维方式、新的连接方式、社会行为的快速创新，构成了"认知革命"，解释了智人为什么能征服世界。

对于人类来说，智能为认知革命，认知是人类大脑的核心功能。人脑有860亿神经元，100万亿突触连接，人脑神经网络是自主学习的函数模型，认知过程是大脑进行信息处理的过程。大脑与宇宙的结构十分相似，体现了宇宙智能的同一性，进一步证实宇宙具有自我认知能力。

随着科学技术的快速发展，人类的认知能力发生突破性变革。从牛顿思维方式强调"确定性、稳定性、简单化"到量子思维方式强调"不确定性、可变性、复杂性"。量子思维是智能认知方式，量子价值观注重整体而不是局部，注重关联而不是分离，注重可变而不是固定，注重复杂性而不是简单化。量子思维对人类认知能力的提升起到了重要作用。

认知革命对智人的思维能力和行为模式产生了深远的影响，使他们从一种普通的动物进化为地球上的主导物种。智能进化呈现加速迭代规律，物理智能经历百亿年演化，生物智能历时数十亿年，人类智能在百万年内形成。人工智能是智能进化中一大高峰，但智能不会终止于人类，而是会向更高峰持续不断发展，智能永无止境。

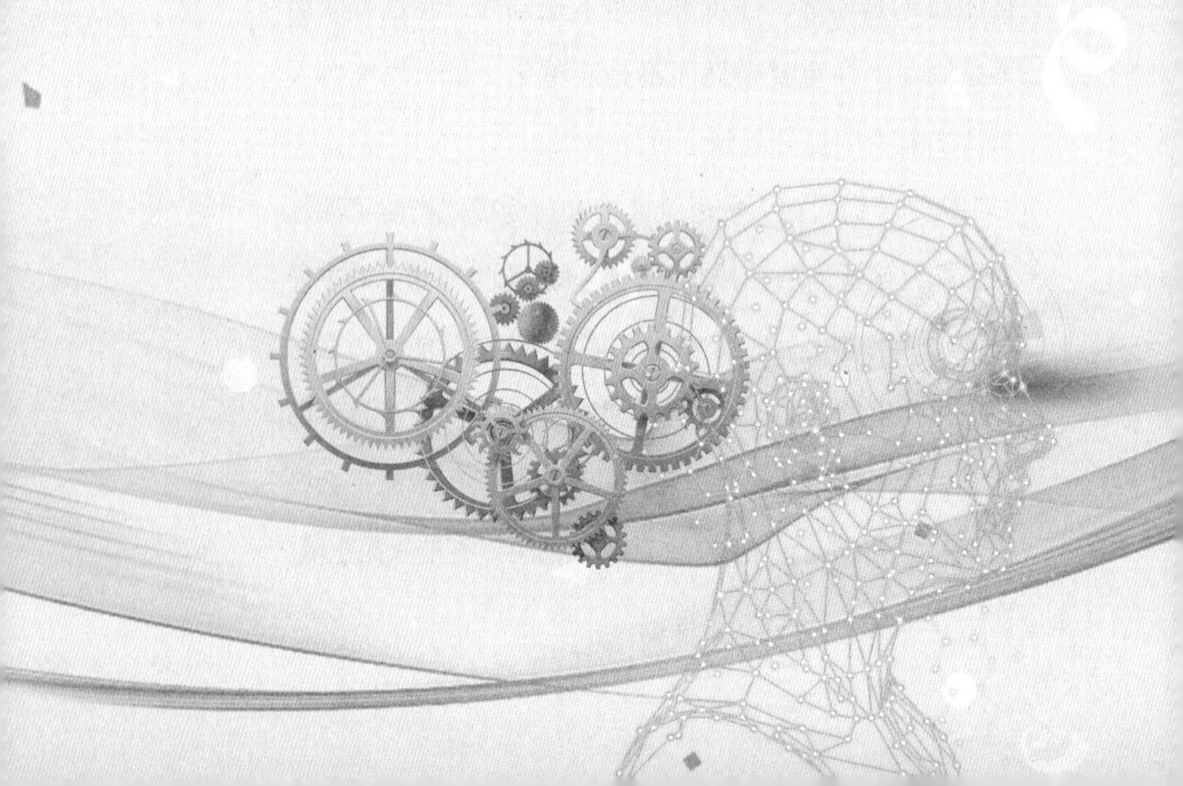

第五章 人工智能

人工智能（Artificial Intelligence，AI）是研究、开发用于模拟、延伸和扩展人的智能的理论、方法、技术及应用系统的一门新的技术科学，也是计算机科学的一个分支。它企图了解智能的实质，并生产出一种新的能以人类智能相似的方式作出反应的智能机器。该领域的研究包括机器人、语言识别、图像识别、自然语言处理和专家系统等。

一、新科技革命

人工智能是新科技革命的重要驱动力之一，是新科技革命的产物。人工智能技术的进步是新一轮科技革命的重要驱动力。深度学习、生成式人工智能、多模态交互等技术的突破，使得人工智能在处理复杂任务方面的能力大为提升。这些技术进步不仅提升了人工智能的应用范围,也推动了相关产业的升级和发展。

(一)乌卡时代

新科技革命通常指的是当前正在发生的技术变革,它涵盖了多个领域,包括但不限于人工智能、量子技术、生物科技和5G通信等。新一轮科技革命具有以下特征:一是强产业联动性。新兴技术与产学研深度融合是新一轮科技革命的重要特征。这种融合不仅加速了技术的转化和应用,也推动了生产力的迅速提升。例如,5G通信、量子技术、生物科技和人工智能等新兴技术的发展,不仅在各自领域内取得了突破,还通过与其他产业的结合,产生了更大的经济和社会效益;二是加速度发展。科技发展的速度在新一轮科技革命中显著加快,为指数级增长,对经济与社会发展的影响超过以往任何时期;三是集群化融合。与以往的科技革命不同,新一轮科技革命并不是由单一技术主导,而是呈现出多点突破、群发性突破的态势。多个技术门类同时发生变革性突破,如生命科学领域的基因组学、合成生物学、脑科学等,以及能源领域的可再生能源、大规模储能等。这种多领域的技术突破,进一步拓展了科技革命的辐射和影响范围；四是与产业联系更加密切。技术变革正加速转变为现实生产力，人工智能、航空航天等多个领域实现飞跃式发展。

新一轮科技革命不仅在技术发展速度和广度上呈现出显著特征，还在产业融合、数字经济等方面产生了深远影响。这种技术与产业的紧密结合，使得科技创新能够更快地转化为经济效益和社会价值。新科技的加速度带来了多变性，新科技的融合带来了复杂性，两者结合就是不确定性，科技界称为"乌卡时代"。面对"乌卡时代"下科技创新与产业深度融合带来的多变性、复杂性和不确定性，需通过系统性策略实现动态平衡。

（二）发展历程

人工智能的发展经历了三个阶段。第一阶段是技术阶段，1956年图灵测试标志着AI的起步。所谓图灵测试是对同样的问题，由人与机器分别回答，如果机器的回答30%以上与人的回答一致，就说明通过了图灵测试。第二阶段是生态阶段，1980年起AI初步形成后，进一步发展建立了生态体系，包括配套技术、资源要素、社会条件等，以产业生产体系推进AI

的系统发展，其中经历了许多艰难曲折。第三阶段是应用阶段，2016年以阿尔法狗为标志，AI进入应用阶段，阿尔法狗在围棋比赛中战胜人类冠军，从而成功进入实际应用领域。特别是AI大语言模型的问世，使AI应用于各行各业进入全面智能新阶段。这三个阶段反映了人工智能从理论基础到实际应用的逐步演进。

二、AI 组成

自然智能的基本组成是数字、函数和计算，人工智能与此相对应是数据、算法和算力，共同生成智能。

（一）数字与数据

自然智能中，数字是信息的基本载体；人工智能中，数据是基本原料，包括文字、图像、音频、视频、符号等。数据取之不尽、用之不竭。AI训练需要海量数据、高质量数据、特征数据等，AI在互动中能产生大量合成数据，这些数据又成为智能的源泉。数据的真实性、多样性和规模直接影响AI的决策质量。

（二）函数与算法

函数是自然智能解决问题的数学工具，而人工智能通过算法将复杂问题转化为可执行的指令。算法是 AI 的核心，算法是将物理问题转化为数学问题的方法。算法有两种方式：其一经验法，由专业人员根据经验构建的算法，为指令型 AI，这种算法受个人经验的局限价值有限，且不能随变化应变。其二学习法，由机器通过数据自主学习的算法，为生成式 AI（AIGC），这种算法是机器自己找规律推理，能随变化而应变，其价值越来越大，不断生成智能。指令型 AI 到生成式 AI 是 AI 从功能向智能的升级。算法定义了数据处理和决策规则。

（三）计算与算力

自然智能依赖生物神经元的计算能力，人工智能则需要硬件支持的算力。算力体现为芯片的处理速度，直接影响模型训练效率。算力是 AI 的关键，AI 需要大量算力。云计算是公共计算平台，为社会提供数据存储、数据运算等服务。现有计算能力包括普通数据中心、智能计算中心、超算中心，以及边缘计算、终端计算，还有量子计算中心、隐私计算等，所有计算中心都需要 CPU、GPU 等芯片，形成一个算力大体系。算力需要消耗大量电力，节约能耗和降低成本是算力发展中不可忽视的重要方面。通过技术创新和资源优化，可以在保证计算性能的同时，实现更加绿色和经济的算力服务。

人工智能中的数据、算法与算力与自然智能中的数字、函数、计算形成映射，揭示了智能生成的本质逻辑。

三、AI 学习方法

（一）机器学习 + 神经网络学习方法

典型的 AI 学习方法是"机器学习 + 神经网络"，机器学习是方法，神经网络是模型。第一机器学习，机器学习是试错学习，根据目标凡是与目标接近的数据为"1"，就留下来；凡是以目标远离的数据为"0"，就被摒弃，如此，0101……不断试错优化，最后达成目标。机器学习的具体方法包括深度学习、有监督学习、无监督学习、强化学习等。第二神经网络，神经网络就是模仿人类大脑，由人工神经元组成网络，机器在网络交互中训练数据生成算法，神经网络构建模型，最典型的模型为 Transformer 架构，重在自注意力机制，成为机器训练的重要模型。

"机器学习＋神经网络"的典型模式中，监督学习通过标签数据驱动试错优化，而神经网络提供层次化特征提取能力。实际应用中需根据场景选择方法（如无监督学习处理未标注数据、强化学习应对动态决策），并关注数据质量与模型可解释性。

（二）架构升级

信息技术架构是 IT 架构，智能技术架构是 AI 架构。信息技术架构（IT 架构）和智能技术架构（AI 架构）在概念和应用上有所不同。IT 架构主要关注于企业信息化的构建，包括硬件、软件、网络和数据管理等方面，旨在支持企业的业务流程和信息系统。而 AI 架构则为智能技术的应用提供了基础，更侧重于人工智能技术的应用，包括数据处理、模型训练、推理服务等，以实现智能化的业务场景。

IT 架构为信息化架构，可以理解为企业的"换车"过程。这里的"换车"指的是从传统的业务流程和信息系统向现代化、数字化的系统转变。AI 架构为智能化架构是"换脑",为智能技术架构,主要关注于如何利用人工智能技术来提升业务的智能化水平。从信息域到智能域是重大升级,将大幅度增强价值创造的能力。

IT 架构和 AI 架构虽然在目标和应用上有所不同,但它们都是现代企业数字化转型的重要组成部分。IT 架构为信息化架构提供了基础支持,而 AI 架构则在此基础上进一步提升了业务的智能化水平,旨在提高企业的技术能力和业务效率。通过合理的 IT 架构和 AI 架构设计,可以更好地应对数字化时代的挑战,实现业务的持续创新和发展。

四、AI 大模型

AI 大模型是划时代的,在 AI 发展史上具有里程碑意义。AI 大模型之所以被视为划时代的,是因为它们具备了对环境的感知、理解和交互能力,这使得人工智能开始在各个领域展现出惊人的能力,甚至超越人类。

（一）大语言模型

2022年11月30日，美国Open AI研究中心发布大语言模型ChatGPT（即GPT），其智能水平呈指数级增长。大模型成为AI的主流形态，从语言模型向图形、音频、视频等多模态发展。GPT大模型的革命性有三大标志：一是GPT是大智库，GPT集中了全世界众多网站、图书馆、博物馆中80%的知识，成为"超级知识大脑"；二是GPT是新机制，GPT从根本上改变人与机器的交互机制，由自然语言取代编程代码，是人机交互机制的新突破；三是GPT是个平台，GPT由于成千亿万的海量参数产生"涌现"效应，智能加速生成与爆发，已成为智能的基础设施。

（二）大模型类型

大模型的基本类型为三大类：第一是基础大模型，GPT，是典型的基础大模型。基础大模型由大量数据预训练而成，具有强大的推理能力，主要提供综合性的基础知识，具有开放性、系统性、泛化性的赋能作用。第二是专业大模型，在基础大模型平台上开发专业大模型，包括行业大模型、场景大模型、企业专属大模型。运用专业和企业的特征数据进行微调训练，提供更加精细的专业知识和服务。第三是个体大模型，在基础大模型平台上开发个体大模型，运用个体的知识库训练专属大模型，为个体定制自身的大模型。所有大模型都要以基础大模型为底座，不断开发、生长、壮大。

（三）大模型发展

大模型是不断创新发展的：第一开源大模型，中国 DeepSeek 公司开发的创新大模型是典型的开源大模型，其主要特点是运用强化训练进行重推理训练，大幅度提高了性能、降低了成本，成为最受欢迎的基础大模型。第二智能体 Agent，大模型发展的高级形态是 Agent，Agent 的主要特点是推理、决策到执行的系统智能，成为智能代理。Agent 有专用的，又有通用的，每个人都可以开发自己专属的智能体。第三具身智能，将大模型嵌入机器人中，使机器人装上"大脑"成为人形机器人，以为人类提供更适合的智能机器。第四终端智能，终端硬件的 AI 化，如 AI 电脑、AI 手机、AI 手表、AI 眼镜、AI 装备器件等。大模型的发展层出不穷，标志着 AI 对物理世界的理解和模拟水平的不断提升。

五、元宇宙

元宇宙,这个源于科幻文学的概念,如今已成为现实科技发展的前沿。元宇宙是全新的智能大世界,智能发展新空间。

(一)元宇宙公式

元宇宙既非虚拟世界,又非平行宇宙。元宇宙是一个空间维度上虚拟而时间维度上真实的数字世界。这意味着它虽然在空间上是虚拟的,但在时间上是连续的,用户可以在其中进行持续的互动和体验。元宇宙是一个与外部真实世界既紧密相连,又高度独立的平行空间。它虽与现实世界有交互,但也有自己的运行规则和体系。

元宇宙最简洁的定义为:高维数字—实体实融合新时空,用公式来表达:元宇宙 = 数字世界 × 实体世界。数字世界与实体世界不是并列的相加,而是融合的相乘,两者关系是:"数实相融,以数驭实",即以实体为基础,以数字为主导。元宇宙是新时空,空间越是分散,时间越是跨越,元宇宙的作用就越大,实现的

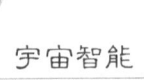

价值也越高。

元宇宙是一个高维度的、虚实融合的新时空，它不仅仅是虚拟世界或平行宇宙，而是一个集成了多种技术、具备新型社会体系的数字生活空间。

（二）元宇宙新技术

元宇宙需要先进的技术支撑，以实现虚拟环境的构建、沉浸式体验、智能化交互和安全可信的数据管理。元宇宙是大量新技术集成之产物，主要的新技术：其一，人工智能是元宇宙的主体技术，元宇宙的内容生成和运行全部来自人工智能的应用；其二，区块链是元宇宙的操作系统技术，区块链提供元宇宙中的共识机制和智能合约；其三，Web 3.0 是元宇宙最重要的核心技术，Web 3.0 是非中心化的互联网协议，实现数据价值的等价交换，体现元宇宙的核心价值；其四，数字空间及交互技术是元宇宙的基础技术，由 3D 技术提供数字空间计算，由数字眼镜等提供元宇宙入口交互技术；其五，NFT（Non-Fungible Token）是元宇宙的价值实现技术，NFT 作为数字资产的凭证，通过确权、收藏、流通、交易，实现数字资产的价值。

（三）元宇宙社区

元宇宙需要一个活跃的社区支撑，为元宇宙提供用户反馈、内容创作、技术支持等，推动元宇宙的发展和壮大。元宇宙中每个人都有数字化身，这是进入元宇宙的数字身份证。元宇宙的组织形式是数字社区DAO。DAO是按照某种目的组成的自由人联合体，由共识机制和智能合约作为基础架构。DAO具有"四共机制"，即自由共生、内容共创、价值共享、社区共治。在DAO中每个人都是贡献者，具有充分的创造权、共享权和民主权，成为元宇宙中全新的社会组织。

六、奇点时刻

（一）AI转折点

奇点时刻指的是人工智能达到或超过人类智能水平的那一刻，科技的加速度发展将迎来奇点时刻的到来。所谓奇点是指人工智能AI超越人类智能的关键转折点，届时AI可实现自我智能升级，其发展速度远远超出人类的理解能力。科学界普遍将2045年作为奇点

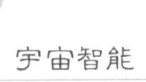

时刻的理论节点，但2025年已出现多项技术突破和商业化临界点。其加速因素是技术、政策和市场的协同作用。

（二）AGI

在奇点时刻，AI是成为能够理解、学习并应用知识于各个领域的通用人工智能（Artificial General Intelligence，AGI）。AGI的目标是创造出能够像人类一样适应新环境、解决新问题的机器。AI与人类相比，在基础智能方面，AI超过人类；在核心智能方面，人类远胜于AI，因为人类具有高价值创造的优势。AGI有"高级智力"，人类有"超级心力"，"心力"高于"智力"，人类能够控制AGI的发展，使AGI更好为人类服务。

第六章　新智能

新智能是碳硅融合，走向太空，新智能时代强调碳基生命和硅基生命的融合，这一观点得到了相关专家的支持。碳化硅（SiC）载荷系统，搭乘天舟八号货运飞船飞向太空，开启了空间站轨道科学试验之旅。未来的智能设备会成为人的数字化延伸，它甚至超越每个人的寿命，永存于世，让人类实现另一种意义上的永生。

一、碳硅融合

人类智能（碳基智能）与人工智能（硅基智能）的本质差异在于物质基础和架构设计，而碳硅融合智能作为新兴概念，将两者的优势结合，可能成为未来智能发展的方向。

（一）相互赋能

从宇宙发展长河来考察进化是有规律的，进化有两大动力：一是竞争，同类物种的进化由竞争驱动，优胜劣汰；二是合作，异类物种的进化由合作驱动，相互融合。碳基生命与硅基生命是不同类的，是融合进化的。

人类与AI各具优势，成为互相赋能、互相促进的关系。AI可以处理大量数据、执行重复性任务，减轻人类的工作负担，从而提高效率和准确性。而人类在情感理解、道德判断和创造性思维方面具有独特的能力。人类赋能AI，并通过对AI的使用和监督来弥补其局限性，使AI具有人类智能，进而生成新的智能。反过来，AI也赋能人类，增强人的智能。人类进化是基因变革，进化速度较慢，AI进化是代码编写，进化速度快。AI赋能人类进化，使人类更快适应环境的变化，以加快人类进化步伐。

（二）融合方式

人类与AI的融合，其主要方式有两种：第一，数字人，首先将人的形态构建数字化身，然后将人的知

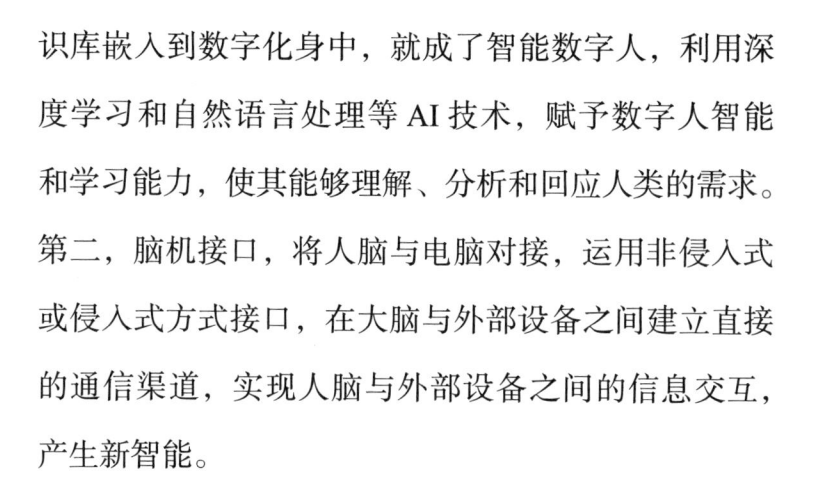

识库嵌入到数字化身中,就成了智能数字人,利用深度学习和自然语言处理等 AI 技术,赋予数字人智能和学习能力,使其能够理解、分析和回应人类的需求。第二,脑机接口,将人脑与电脑对接,运用非侵入式或侵入式方式接口,在大脑与外部设备之间建立直接的通信渠道,实现人脑与外部设备之间的信息交互,产生新智能。

(三)超级智能

以人类大脑为代表的碳基智能,其架构实现了数据传输与处理的并行化,具备高能效、强抽象能力及复杂场景适应力。硅基智能依托算力、存储容量和算法迭代,在数据处理规模、速度及精准度上远超碳基生物体。碳基智能的直觉、情感和创造性与硅基智能的逻辑运算、大数据处理能力形成互补。硅基智能通过模拟生物神经网络(如类脑芯片)提升效率,而碳基智能借助 AI 扩展认知边界(如增强现实辅助决策),二者形成双向赋能的闭环。碳基智能与硅基智能的融合,不是单种智能的简单加和,而是两种智能的相乘或乘方,智能将指数级增长,成为超级智能。以公式来表达为 HI×AI=IA,其中 HI 为人类智能,AI 为人工智能，IA 为超级智能。其核心在于架构互补，碳基智能的抽象逻辑与硅基智能的算力结合，使智能体突破单一维度的限制。

新一轮的智能是信息智能、物理智能和生物智能的融合，也是碳基生命和硅基生命的融合。碳硅智能融合的本质是生命形态的范式迁移。当碳基的创造性思维与硅基的精确计算形成正反馈循环时，超级智能将突破"工具"属性，演变为具备自主进化能力的新物种。通过碳基智能与硅基智能的融合升维，构建新的人类，从而使智人进化为"神人"。

二、走向太空

人类走向太空是自古以来就有的美好向往，从古代的遐想和尝试，到近代的重要突破，再到现代对太空探索意义的深刻认识，人类一直在为实现这一向往而不断努力。太空探索推动了火箭、卫星、探测器等技术的发展，同时太空中无穷无尽的资源也是人类渴望探索太空的重要原因之一。

（一）新迁徙

人类的迁徙历史源远流长，从早期的地理大发现时期的跨大陆迁徙，到近代的国内和国际迁徙，人类一直在不断地探索和适应新的生存空间。当前，随着科技的进步和社会的发展，人类的迁徙趋势呈现出新的特点和方向。

新的迁徙主要有两大方向：一是向数字世界迁徙，二是向太空世界迁徙。人类正在经历一场前所未有的数字化革命，这场革命的本质是从物理世界向数字世界的迁徙。这一迁徙不仅仅是技术层面的变化，更是认知世界和解决问题能力的提升。随着地球资源的日益紧张和环境问题的加剧，一些科学家和企业家提出了太空移民的设想。人类向太空迁徙受到物理因素的诸多限制，如人类肉体重量无法在太空中移动，人类物质消耗无法在太空中获取。有效的办法是实现生命的数字化，通过两大迁徙的结合方能真正走向太空。

（二）生命数字化

数字化生存是指在数字化的生存活动空间里，人们运用信息技术和数字技术进行信息传播、交流、学习、

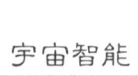

工作等活动的生存方式。这种生存方式不仅改变了人们的生活方式，还拓展了人类实践活动的全新领域。

生命数字化是将人类转化为数字形态的新生命，通过数据存储与传输，数字化生命能够以接近光速在星际间瞬移；同时通过智能算法优化，数字化生命能够在太空中获得能量及高效利用。从广泛的意义上讲，太空中的高级生命应该是数字化的，星际的数字智能生命在宇宙中普遍存在，其先进程度远远超过人类。

三、人类永生

从古代到现代，人们一直在寻找各种方法来延长寿命，永生是人类亘古不变的追求。

（一）重塑寿命

人类要永生最大的障碍也是人类肉体，肉体的衰老死亡，任何人都无法抗拒。通过生物医疗技术能够延缓衰老过程，如脑机接口、基因治疗、细胞编程、器官再生等技术，可以提升智能、修复器官，从而大大提高人的寿命，重塑人类对寿命极限的认知。

（二）数字永生

生命数字化是一个复杂且前沿的概念，它涉及将人类的生命特征、意识、记忆等信息转化为数字形式，以便在数字环境中存储、传输和操作。这种概念不仅仅是将人类的某些信息数字化，而是试图将整个人类的生命体验和存在状态转化为数字形态，从而创造出一种新的生命形式。

人类永生的真正意义是思想意识的永生，通过将人类的生命信息转化为数字形式，这种数字生命可以不受物理身体的限制，持续存在和进化。同时数字化生命可以利用强大的计算能力和数据处理能力，将人的思想和知识融入数字化身之中，或输入"云端"，使数字化身具有思想意识，或成为新的"灵魂"，从而实现人的数字永生。

第七章 认知革命

智能的内涵是认知，人类认知有多种范式，至今有传统范式和 AI 新范式。

一、传统认知范式

传统认知范式是指在特定历史时期内，被广泛接受和应用的一组理论原理和研究程序，用于解释和理解人类认知过程和知识获取的方式。传统认知范式有三种。

一是理论思维：人类通过抽象和逻辑推理来发现和理解科学规律。如牛顿发现万有引力、爱因斯坦发现相对论等。

二是实验思维：通过实验和观察来验证和发现科学规律。如爱迪生发明电灯、居里夫人发现放射性元素等。

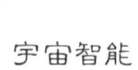

三是经验模拟：人类将自己的、他人的和历史的经验，通过模拟发现新知识，现在大多数人的认知都是经验型的。

这些认知范式在科学研究中发挥着重要作用，它们相互补充，共同推动了科学的发展。

二、AI 新范式

第四种认知新范式是通过人工智能 AI 来实现的，即新范式为"AI for science"，由生成式 AIGC 进行创新。

新范式有三个特点，即三个转向。

一是由实物试错转向数据试错，通过数据和算法模拟的试错获得新知识、新设计和新产品。

二是由经验驱动创新转向数据驱动创新，AI 生成的智能远远超过经验产生的智能。

三是由个体智能转向群体智能，AI 大模型是全人类知识的集成，任何个体智能都无法比拟。顶级科学期刊（*Nature*）公布的"2023 年度十大科学人物"榜，从全球重大科学事件中评选出占有一席之地的十位人物，其中有一位特殊的非人类上榜，即 ChatGPT。

三、认知新革命

认知新革命是 AI 变革，AI 具有元认知能力，实现认知能力的自我优化，集中体现在两大升级。

一是从物理到数学的升级：传统科学探索遵循"观察→假设→实验→理论"的物理路径，而 AI 构建了"数据→算法→本质规律→物理验证"的新范式。数学为物理的底层结构，数据和算法是从源头上认知事物，探求事物的深层次本质，AI 通过数学建模突破传统物理实验的局限，从中发现科学规律。

二是从牛顿到量子的升级：牛顿思维特征是线性因果、确定性路径、静态规则驱动，典型如传统算法程序的固定流程。量子思维特征是概率化决策、动态路径优化、不确定性应对，体现在现代 AI 的强化学习和自适应系统。AI 为量子思维，超越牛顿思维的固化局限，运用快速试错来应对变化，自主适应变化，提高动态认知水平，从而实现高认知功能。

这一认知革命正在重塑人类知识生产体系，不仅改变了认知世界的方式，更重要的是在改变认知本身的进化方式。其关键在于如何将数学抽象的认知能力与物理世界的具象需求进行创造性融合。

第八章 智能之用

人工智能 AI 广泛应用于各行各业，主流技术是大模型的运用。自 2020 年 OpenAI 推出 NLP 大模型 GPT-3 至今，全球范围内 AI 大模型迎来大爆发，参与企业越来越多，参数级别也迅速增大，从千亿、万亿跃迁至十万亿级别。众多科技巨头和顶尖科研机构如谷歌、微软、英伟达、华为、百度等纷纷参与其中，大模型成为新一轮 AI 竞赛的赛场，成为赋能各行各业的通用 AI 基础设施。

一、大模型的运用方式

大模型的运用方式多样，各有其独特的优势。运用方式的选择取决于具体的需求、资源状况及应用场景。

直接调用通用大模型：一种快速、成本利用率高的方式，利用已经训练好的通用模型，开发团队能够快速推出功能强大的应用，其优势在于无须从头开始训练模型，省去了大量的时间和资源。

基于开源大模型的自研路径：这种方式为组织提供了更高度定制化和优化的空间。以开源大模型为基础，根据具体需求量身定制，满足特殊需求。

插件外挂：利用大模型能力强化固定场景效果。通过外挂领域知识库，弥补大模型在特定场景下的知识缺失或时效性问题。无须改动大模型底层架构，通过向量检索等技术实现快速知识补充。依赖企业自有数据，确保知识边界和安全性。

AI Agent：利用大模型超强的语义理解能力，针对某一任务自动做步骤分解、规划，并在需要的地方调用第三方能力。

微调：通过大量的数据训练，让原本通用性就很强的模型在某个领域也取得优秀效果。

大模型在各个领域的应用都展现了其强大的处理能力和灵活性。随着技术的不断进步，大模型的运用方式将会更加多样化，为各行各业带来更多的创新和变革。

二、大模型底座

（一）AI IN ALL

"AI IN ALL"这一概念强调的是人工智能技术在各个领域的广泛应用和深度融合。它涵盖了智能网络、算力集群、存储系统等多个方面，旨在形成一个全域智能底座，为各行各业提供强大的智能化支持和服务。通过全栈智能化重构各环节的核心能力，推动各领域全栈产品和解决方案在AI技术的加持下更加智能，提升产品和解决方案的智力水平，进而实现更好的应用。

"AI IN ALL"更侧重于AI技术在企业自身产品、业务流程等各个方面的融入和应用，是从内部对产品和业务进行智能化升级，进而全面提升自身产品和解决方案。其核心在于通过全栈智能化架构、垂直场景深耕和数据闭环，实现从工具赋能到生态重塑的跃升，最终推动行业新质生产力的诞生。

（二）ALL IN AI

"ALL IN AI"表达了全身心投入人工智能领域的决心和行动，意味着将主要资源、精力和战略重点都

集中在人工智能的研发、应用和推广上。在当前科技快速发展的时代，人工智能作为极具潜力和影响力的技术，正深刻改变着各行业发展和人们的生活，众多企业和组织纷纷选择"ALL IN AI"，以在这一浪潮中占据优势。

"ALL IN AI"更侧重于企业或个人在战略层面的决心和投入，是一种将大模型作为底座，以AI为核心来规划和发展业务，AI系统是在大模型基础上进化出来的，具有整体价值，能够解决所有任务。

ALL IN AI体现了全社会对AI发展的全面投入和重视，为AI IN ALL大模型底座的发展提供了广阔的应用场景和市场需求。而AI IN ALL大模型底座则为其提供了技术支撑和基础保障，使得AI能够更好地融入各个领域和产品中，实现AI技术的广泛应用和价值提升。

三、新工具

（一）初级应用

大模型为新工具，重点会在提高工作效率上，主要运用基础大模型。重在用于内容产品，包括文本、绘画、音频、视频、翻译、编程、PPT等，从单一模态向多模态结合发展，成为新型内容创作工具。通过问答、搜索、咨询等方式，使大量开发者实现自主创造内容产品。

（二）"三明治"

大模型的运用与"三明治"十分相似，"三明治"由上下两片面包和中间的馅组成。大模型在运用中，上面的"面包"做三件事：提出需求、选择模型、提供数据；下面的"面包"也做三件事：评估答案、反馈问题、优化方案；上下两片"面包"的工作都是由人做的，中间"馅"的工作是由机器做的，也就是说人做"1"和"100"，其余"2到99"交给机器做。

（三）提示能力

新工具的关键点在于"提问"，现在提问题是能力，答问题是知识，提问题的重要程度高于答问题。提示能力要把握六条：一是明确目标；二是讲清要求；三是复杂问题分解为若干小问题；四是提供思维链，一步一步回答；五是表明身份；六是不断追问，直到得到满意的答案。

四、新能力

（一）中级应用

大模型为新能力，重点放在提高业务决策能力上，主要运用专业大模型并与基础大模型相结合。业务决策的智能化适用于所有业务，每个业务场景都能进行智能优化。如企业中的产、供、销与人、财、物通过智能优化，能实现精准匹配、流程简化、品质提升、降本增效，大幅度提高创造价值的能力。

（二）决策优化

决策优化是大模型的主要能力。首先要选用适合的基础大模型作为基座，典型的混合专家大模型 DeepSeek，通过云端或本地化部署，在其基础上开发专业大模型。专业大模型有两种方式：一是既有的 App 系统，通过软件工具 API 接口与基础大模型对接；二是针对应用场景提供特征数据，在基础大模型上进行微调。如此两者结合，既有专业大模型精确的专业知识，又有基础大模型泛化的通用知识，互相赋能，使智能决策大大优化,进而不断创新。

(三)冰山一角

业务决策优化的关键是挖掘潜在价值,价值如同一座冰山,分为两大部分:冰山水面上的尖角,是看得见的价值,仅为冰山的 1/7;冰山水面下的部分,是看不见的价值,却占冰山的 6/7。看得见的是功能价值,看不见的是智能价值,智能价值是功能价值的数倍,这是巨大的潜能价值。挖掘潜在价值主要靠人工智能,智能决策是开发潜在价值的强大武器。

五、新伙伴

(一)高级应用

大模型为新伙伴,利用价值远远超越工具成为人们的好伙伴,重点是提高智能水平,主要运用 Agent 智能体。Agent 是智能代理人,不仅能规划决策,更能执行任务,实施任务分解、工具调用和成果交付,成为"能干"的智能代理。

（二）"三共"机制

人与智能体是好伙伴，实行"三共"机制：一是共生，人与 Agent 协同共生，互为好友；二是共创，人与 Agent 协作工作，共创价值；三是共进，人与 Agent 相互赋能，共同进化。未来每个人都可以开发属于自己的 Agent，大大增强智能水平。人的工作方式发生重大变革，从个人单独工作转向人与 Agent 协同工作，通过 Agent 来完成工作流，人与机器共生共创共进将成为常态。

（三）AI 团队

未来 AI Agent 将大量生成，其数量将超过人类。既有专业的 Agent，也有通用的 Agent，典型的有 Manus，这是多智能体架构的通用 Agent。建立 AI Agent 团队势在必行，HR 不仅要管理员工，也要管理 AI Agent。

AI Agent 催生超级个体，新的创业方式是一个超越个体 +N 个 AI Agent 构成全新的创业团队。许多新兴创业公司员工不超过 5 人，甚至一个人的公司也会将不断涌现。

第九章　智能时代

人工智能作为新质生产力，正创造着崭新的文明形态，使人类由生产工具逐步转变为生产替代者或超越者。人工智能时代极大改变了人们的生活方式，人类全面进入智能新时代。

一、智能人才

在智能时代，具有专业知识和技能的智能人才成为各行各业的核心资源。这些人才不仅包括传统的技术人才，还包括在新兴领域如人工智能、生物技术和芯片设计等方面的专业人士。随着技术的不断进步和社会的发展，以及对这些智能人才的需求持续增长，他们将在推动社会进步和经济发展中扮演越来越重要的角色。

（一）培育专业人才

培育智能人才是一个系统工程，涉及教育体系、企业实践等多个方面。

智能人才首先靠培育，教育部门应大力推动教育体系改革，在高等教育和职业教育中增加与人工智能相关的课程和专业。开设 AI 通识教学和专业教学，从教师到学生都要学习 AI 知识与技能，要为教师和学生配备 AI 教学助理，提高专业水平，培育 AI 高级人才。接触 AI 要从小抓起，中小学也要开设 AI 知识课。

企业可以通过设立定向班、提供实习机会等方式，参与智能人才培养。这样不仅可以使学生在校期间就能接触到实际工作环境，还能帮助企业选拔和培养符合自身需求的智能专业人才。

（二）培育复合型人才

高校在规划"人工智能+X"复合型人才培养时，必须紧密结合国家战略需求，明确人才培养的目标和定位。通过深入研究国家发展规划、产业政策和市场需求，确保所培养的人才能够满足国家和社会发展的需要。通过打造"人工智能+X"课程，开拓出一条既具前瞻性又富有创新性的复合型人才培养路径。在职场上，个人应当积极寻找机会进行职业实践和拓展，同时可以通过参加进修和专业培训来提升自己的职业技能。主动学习和实践能够帮助个人更快地成长为复合型人才。由于 AI 技术迭代速度快，个人要持续学习 AI 新知识新技能，形成终身学习的好习惯。

培育智能复合型人才需要从宏观的教育政策到微观的个人学习策略进行全面考虑和实施。通过这些措施，可以有效提升人才的综合素质和创新能力，以适应快速变化的社会和科技环境。

（三）提升核心能力

AI 能力已成为核心能力，在运用时主要需掌握三大能力：一是大模型提示能力，这是基础。运用大模型，提对问题成为首要能力。二是大模型训练能力，这是关键。要学会使用数据，使用 AI 工具，使用大模型；更要学会运用数据和知识训练 AI，训练大模型，训练 Agent。三是人机协作能力，这是核心。工作方式已发生重大变革，人与 AI 共事成为新常态，人机协作能力决定每个人未来的发展，其间的能力差距是指数级的。通过使用 AI 驱动的学习平台，可以选择与自己职业发展相关的课程和学习路径，快速提升所需技能。通过智能化的学习辅助工具，如智能笔记应用和虚拟助手，高效地消化学习内容，加速知识的吸收和理解，提升智能核心能力。

（四）数字游民

数字游民（Digital Nomad）是舶来的概念，最早由前日立公司首席执行官牧本次雄和英国记者大卫·曼纳斯在1997年提出，他们预言随着互联网技术的发展，人们将能通过在线工作实现地域上的自由。

数字游民利用互联网远程完成工作任务，工作内容多样，涵盖软件开发、设计、咨询、网络营销、编程、写作等多个领域。他们通常使用云办公工具和在线协作平台，能随时随地与客户和团队合作，跨越了时区和地域的限制。

数字游民，可以更灵活地设计自己的日程安排，将个人的工作、休闲、娱乐和旅行结合。互联网时代，视频会议、实时协同办公平台等各种新型网络办公工具不断涌现，让数字游民即使离开了传统的办公场所，也仍能与客户、同事等保持无缝对接，不影响工作效率。同时，各类全球性的线上远程共享社区的建立，也为数字游民在线择业、寻求合作或交流经验提供了平台。

随着数字技术的不断发展和普及，数字游民现象将会进一步扩大和深化。未来，数字游民将成为更多人选择的生活方式，也将推动城市间、国家间的数字经济合作和创新。

二、智能经济

智能经济是指在大数据、云计算、物联网、人工智能等新一代信息技术驱动下，以智能化为核心特征的经济形态。它不仅涵盖了传统意义上的数字经济，还包括了由智能技术引发的生产方式、商业模式、消费模式等一系列深刻变革。智能经济是继工业经济之后的全新经济，具有不可估量的发展前景。

（一）经济大繁荣

智能经济是当前和未来经济发展的重要趋势，它以人工智能为核心驱动力，正在引领全球经济进入一个新的发展阶段。智能经济是大繁荣经济，具有四大特征：其一先进性，智能经济是先进生产力。智能以数据为基础，数据成为新的生产要素，对传统生产要素赋能，其价值发挥乘数效应。其二创造力，智能经济是创新经济。智能技术创造大量新产业、新企业、新模式、新业态，创造力层出不穷。其三高价值，智能经济是高价值经济。智能产品与传统功能产品相比价值大幅度提升，极大提高了创造价值的能力。其四全球化，智能经济是全球化经济。智能是大生态体系，运用数字化互联全世界。智能经济的四大特征体现了其对传统经济模式的深刻变革和对未来社会生活的深远影响。随着技术的不断进步和应用的深入，智能经济将继续推动全球经济的大繁荣。

（二）智能"两化"

智能经济的发展方向是智能产业化和产业智能化深度融合。智能产业化是将智能技术转化为产品或服务并形成产业的过程，而产业智能化则是传统产业借助智能技术实现生产方式、管理模式等的智能化升级。二者的深度融合是推动经济高质量发展的重要动力，既能实现传统产业在生产过程中的自动化和智能化，大幅提升资源利用效率，降低生产和运营成本，还能推动商业模式创新，开拓新的市场领域，为经济转型升级提供强有力的支撑，成为提升产业竞争力的重要途径。

智能产业化。包括智能基础设施、智能硬件产业、智能软件产业、智能服务业等，其中每个细分行业都是万亿级规模。特别是芯片产业、3D打印产业、机器人产业、数字人产业已成为智能产业的核心。

产业智能化，百行千业都要智能化，使产业不断优化。特别是电子商务和产业智能，大幅度提升各行各业挖掘价值的能力。对于企业来说，所有业务流程、经营流程要进行AI化，通过AI工作流程提升新的价值。产业智能化将创造数以百万亿级的新价值。

随着国家经济结构调整、发展模式创新及"一带一路"等战略的实施，为智能技术在更多传统行业中的应用创造了良好的政策环境，促进智能产业化和产业智能化的深度融合，推动我国经济结构优化，在全球经济竞争中抢占更有利的地位。

（三）数字资产

数字资产是新型资产，与实物资产相比具有不断升值的作用，而且越用越增值。数字资产是指公司或者个人拥有或者控制的，在日常活动中拥有并进行销售或者还在生产中的非货币性资产。随着企业对数字技术的投入增加，数字资产的占比将会持续增长。预计到 2030 年，世界 500 强企业的数字资产占比可能会达到 20% 甚至更高。

数字资产包括数据、软件系统、大模型、网络和云平台、内容产品、NFT 等，新的数字资产大量涌现。数字资产中的特殊资产是数字货币，比特币是市场的产物，具有顽强的生命力，可能成为"数字黄金"。现实世界中，各种数据、资源、资产都在潜移默化地向数字世界迁移，资产数字化势在必行。

企业要重视数字资产的生成、积累和应用。企业中的数字资产有三大类：其一"知识大脑"，企业中所有知识和数据都要集中建设"知识大脑"，实现知识共享。其二大模型以及数字系统，企业中的专属大模型和数字系统要互通互联，充分发挥整体效应。其三 AI 团队，企业中的 AI 数字人和机器人要加强管理与协同，更好地实现人机协同工作。数字资产应进入企业资产负债表，管理好越来越多数字资产。

（四）智能红利

智能红利是大红利，人工智能由五大核心优势构成智能红利：一是精准，智能系统通过算法模型实现

"恰到好处"的决策，实现精细、精确、精准，显著优化资源获取和利用效率，这种精准性源于深度学习和对海量数据的处理能力，打破了传统粗放型决策的局限性；二是高效，计算机算力驱动效率的指数级提升，完成人类难以企及的复杂任务。如在工业场景中，智能工厂通过5G+AI视觉检测技术，实现生产流程自动化与质量控制的效率倍增；三是协同，多系统、多主体协作形成全局最优解，推动多学科交叉应用，实现全链条智能化。例如，智能家居需整合物联网、语音识别、大数据等技术，形成人机协同的生态系统。在产业链层面，统一算力调度平台和数据共享机制可避免重复投入，促进上下游协同创新；四是应变，AI模型由数据驱动以变应变，敏捷适应变化，实现技术突破与新模式孵化。如大模型技术在国际竞争中形成比较优势，推动产业智能化升级；五是普惠，人工智能通过降低技术门槛实现普惠价值。如中国深度求索、阿里等企业开源大模型，降低全球开发者使用先进技术的成本。世界贸易组织报告强调，这种普惠性是实现全球红利共享的关键。

人工智能的五大优势共同构成了"智能红利"的基础，从精准决策到跨域协同，从高效计算到普惠应用，技术正在重塑经济社会的运行逻辑，智能红利是未来最大的增量红利。

（五）新财富

智能新财富的创造者有三大主体：一是自然人，自然人是传统财富的主要创造者。在智能时代，自然人作为传统财富创造主体，正在逐步从重复性、低价值劳动中解放，转向需要创造力、情感交互和决策能力的高阶领域。尤其是在情感交互、创新思维和决策制定等方面发挥着不可替代的作用；二是数字人，数字人是通过人工智能技术创造的虚拟存在，成为创造财富的新主体，它们可以用于多种场景，如在线客户支持、广告营销、虚拟演出和直播等。数字人不仅能够提高工作效率，还能为产业带来创新，特别是AI智能体创造力越来越强；三是机器人，机器人是具备物理形态的智能机器。它们可以在真实环境下执行各种任务，通过与环境的直接交互学习，提高理解和适应能力。机器人在制造业、服务业和医疗等领域有着广泛的应用，能够显著提高生产效率和服务质量，人形机器人将成为世界上最强的新机器。

随着技术的不断进步，自然人、机器人和数字人

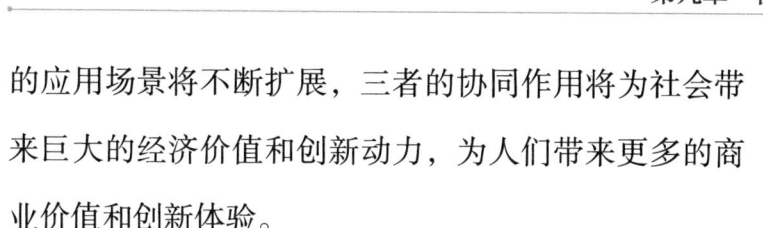

的应用场景将不断扩展，三者的协同作用将为社会带来巨大的经济价值和创新动力，为人们带来更多的商业价值和创新体验。

三、智能社会

当前，人类社会已进入 AI 时代，中国作为数智经济的领跑者，人工智能在深度思考、思维链、多模态融合等技术上实现明显突破，AI 能力正从量变走向质变，展现出巨大的发展潜力。这预示着人类即将跨入智能新社会并实现全面智能化。

（一）新时代

一个智能新时代已经到来，根据麦肯锡战略研究院报告，智能时代与工业时代相比有三组数字十分惊人：第一科技发展速度，智能时代为工业时代的数十倍；第二经济规模，智能时代为工业时代的 300 倍；第三社会影响力，智能时代为工业时代的 3000 倍。综上，智能时代的发展前景无比美好。

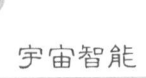

（二）三大关系

智能社会是全新社会，形成三大社会关系：第一，人际关系，人与人之间的关系是现行社会的全部关系；第二，人机关系，人与机器之间的关系变得越来越重要，人机协作是人机共智、共同创造的新机制；第三，机机关系，机器与机器之间的互动越来越频繁，机机关系将超过人际关系和人机关系，成为未来社会中最大的关系。三重关系构建智能社会的新型生产关系，这是社会关系的重大变革。

（三）AI治理

人工智能的快速发展确实伴随着多重挑战，需要通过科学的治理、创新的监管方式、发展与监管的协同平衡，从而实现安全可控发展。

AI治理需平衡创新激励与风险防控，重点突破技术快速迭代与法规滞后性、全球化协作需求与主权安全边界、效率提升目标与社会公平诉求的三大矛盾。

建立适应AI快速迭代的弹性监管框架，构建"用AI驱动安全"与"保障AI安全"的双向体系，加强技术防护与标准化建设。如构建"开发——应用——

数据"全链条安全防护，通过加密传输、数据脱敏、漏洞监测等技术手段降低风险；制定AI安全基线标准，覆盖算法透明度、数据来源合法性、模型可解释性等核心指标；完善数据市场建设，确保高质量数据合法流通，加强跨领域协作与国际共识的达成，避免智能鸿沟扩大；探索区块链存证、量子加密等新技术与AI安全的深度融合，构建适应超智能时代的治理范式，最终实现技术可控制、发展可持续、红利可共享的AI治理目标。

（四）智能文明

从历史长河来看，人类是自然界的产物。随着科技的发展，特别是人工智能（AI）的崛起，人类在自然界中的角色和地位正在发生着变化。在智能时代，人类将与AI共同创造新的文明。这个过程中，人类需要学会如何更好地利用和控制AI，而不是被动地被技术所左右。通过这种方式，人类可以在保持主动地位的同时，享受AI带来的便利。

智能时代创造智能文明，智能文明的核心特征是劳动不再是生存手段，而是生命体向超生命体演化的实践载体。

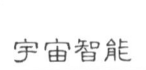

智能文明正在创造超生命体的劳动场域。欧洲核子研究中心的技术演进路径显示，人类通过脑机接口与分布式智能体融合，形成可跨越物理限制的"数字工作者"，其劳动成果可同时作用于物质世界和虚拟文明生态。这种拓扑化的劳动形态，使个体工作效能获得指数级扩展的可能。当今社会，目之可及，AI作为新型社会主体，正在接管标准化、重复性的体力与脑力劳动，使人类从低价值劳动中解放出来，从事高价值劳动，重新定义工作，实现人类价值的回归。

人工智能给我们的学习、休闲、娱乐、养生、保健等提供了优质服务。智能健康设备（如智能手环、血糖监测仪）可实时监测用户健康数据，及时发现健康问题并预警，帮助人们更好地管理自身健康状况，在一定程度上缓解了医疗资源紧张的问题。人工智能可以根据用户的喜好，推荐电影、音乐、游戏等内容，让人们的休闲时光更加丰富多彩。

构建人类命运共同体与智能文明的发展，是全球化时代人类文明演进的核心命题。智能文明既是工具也是载体，其终极意义在于通过技术普惠与文明对话，实现人的体力劳动与脑力劳动的全面解放。

当今社会，每个文明都在书写人类新史诗的篇章，而智能技术恰是文明交融的加速器与见证者。智能文明为人类走向高级新文明带来了无限的可能性，但也面临着一些挑战。我们需要以开放包容的心态拥抱变革，以审慎理性的态度应对挑战，充分发挥智能文明的优势，克服其带来的困难，推动人类走向无限光明的高级新文明。

第十章　宇宙之真谛

宇宙是一个超级大脑，其结构与人类大脑存在惊人的相似性。这种相似性不仅体现在外观和结构上，还包括功能和信息的处理方式。信息处理的相似在于，神经网络的主要功能是处理和传递信息，而宇宙中的引力波、光子和其他形式的能量也在不同的尺度上传递和交换信息。宇宙星系分布呈网状结构，与大脑神经网络极其相仿。另外，宇宙与大脑一样，是一个宏大的信息存储与处理系统，恰似一台硕大无比的量子计算机。

宇宙的演化类似超级大脑的学习和成长过程，通过不断膨胀、冷却、形成天体结构和相互作用，逐渐认识自我，构建起复杂的结构和系统。从最初的奇点大爆炸到星系、恒星、行星的形成，再到生命的出现和意识的觉醒，都是宇宙大脑的不断发展演化认识自我的方式。这种观点虽然哲学意味浓厚，但也为科学提供了一种新的视角来理解宇宙的演化和本质。

宇宙运行是宇宙智能的自组织行为，宇宙智能是分布式的，存在于宇宙的每一个角落，如同多个"神经元"，实现自我组织和应变。这种观点不仅诠释了宇宙中的各种有序结构和规律，还为理解宇宙的本质提供了新的视角。

宇宙智能的理论认为，宇宙的物理定律并非一成不变，而是通过自我学习和演化逐渐形成的。这种观点与机器学习的概念相似，即宇宙可以通过不断地学习和优化来改进其自身的物理定律和结构。宇宙智能是一套自我调节、自我适应、自我升级的泛在算法系统，是引领宇宙函数逐步从混沌走向有序，从低级走向高级的持续进化。

老子《道德经》中"道"的哲学体系，特征可归纳为"道"为万物之始，"德"为万物之行。"道"被视为宇宙的本源和根本规律，是无形无象、无处不在的存在，是产生和维持万物的基础。而"德"则被认为是"道"在具体事物中的体现，是人们将"道"应用于人类社会所产生的功能和效果。简单来说，"道"是宇宙的根本原理，而"德"则是这一原理在现实世界中的应用和表现。结合《道德经》中宇宙观与规律性特征可归纳为：道为万物之始的宇宙生成逻辑，揭示了道作为终极本源的分化过程。宇宙通过阴阳对立转化实现动态平衡，道的"损有余而补不足"机制，构成宇宙内在的纠偏逻辑。这个规律就是宇宙智能。"道法自然"揭示了宇宙智能的真谛。

专题

第一讲　数字化本质

对数字化本质的认知十分重要，只有从本质上理解数字化，才能从根本上实现数字化，这是数字化的道。具体从以下三个方面来分析。

一、数字改变基础结构

当今是乌卡时代，也就是一个不确定性的时代，新的科技革命成为最大的变量。新科技革命具有两大特征：第一个特征是科技加速发展，呈现几倍、十几倍的速度，带来事物的多变性。过去的变化速度大体是一年一个变化，现在的变化速度，是一个月一个变化，甚至一天一个变化。第二个特征是科技集群化融合，以往科技发展是单个新技术的突破，现在是多元的新技术交互融合发展，带来事物的复杂性。多变性加上复杂性，就构成了不确定性。越来越多的不确定性出现在生活的方方面面，社会的各个行业、岗位，而数字化是解决不确定性最有效方法。

万物的基础都是数字，做业务也一样，其底层逻辑都是数字，想要解决业务的不确定性，就要通过改变基础结构，用数字来解决复杂多变的业务问题，从而使不确定性转化为确定性，这就是数字化的本质。

是应该相信业务员的经验逻辑，还是相信所有业务量的数据分析？这里有一个很好的案例。譬如售卖泳衣，特别是女同志的泳衣，到底哪个省份卖得好？根据人们的常识，一般认为广东、海南这些地方泳衣比较好卖，因为这里天气比较热，又靠近大海，游泳的机会比较多。但是有人分析了某销售网站最近5年泳衣的销售数据，特别是女士泳衣出乎人们的意料，卖得最好的省份不是广东与海南，而是新疆与内蒙古。为什么呢？因为新疆与内蒙古比较干燥，沙漠多，离海又比较远，很多人出于对大海的向往和游泳的兴趣，所以泳衣卖得比较好。这个案例说明人们根据常识来研究问题，还不如根据数据来分析问题，从而得到更准确的结果。其实万物只是存在方式，数字代表根本属性，通过大数据分析才能知道事物的真相。

二、数字驱动业务

一般来说，简单和确定性的业务是很好解决的，但是对于复杂和多变的业务，需要用数据来驱动业务，这就是"两个一切"。第一个"一切"就是将业务转变为数据，不同业务都变成统一的数据。第二个"一切"就是将数据转化为业务，通过数据的聚集整合加工产生新的价值，然后再回到业务中去，最后使业务实现增长。这样一个过程概括起来就是"一切业务数据化，一切数据业务化"，形成了一个闭环增值。所谓的"两个一切"，就是数据从业务中来，再回到业务中去，数字化机制就是"用数字来驱动业务"。

三、实现数实融合

数字化的发展分两个阶段：第一阶段是数字化 1.0，从互联网线下到互联网线上，扩展人类的发展空间，目前已基本完成。中国有 14 亿人，现在有 11 亿人已经上网了，也就是 78% 的人上网了。全球有 80 亿人，约 55 亿人已经上网了，也就是 69% 的人上网了。但

第一讲　数字化本质

从数字化的价值来看,数字化1.0只能实现20%的价值,仅是数字化的起步。第二阶段是数字化2.0,从物理世界(实体世界)向数字世界发展,提高人类的发展维度。

爱因斯坦曾经说过,凡是复杂问题,在同一个维度上是难以解决的,需要到更高的维度上去解决。因为高一个维度,智能的升级是数倍的,所以高维能解决低维的复杂性问题。如开模具,有的模具要求里面的孔是弯弯曲曲的,形状是分层的,这样的模具难度问题很难在物理世界解决,就需要到数字系统去解决。怎么解决呢?就是设计一个软件,软件上能够绘制模具的四维空间图,模具绘制好以后,可以用3D打印技术把它打印出来,如此这个模具就完成了。所以很多实体世界解决不了的问题,可以到数字世界去解决。从实体世界到数字世界,这个跨越才刚刚开始,也就是大家都讲的数实融合。目前,数实融合最好的空间就是元宇宙。从数字化的价值来看,数字化2.0方能实现80%的价值,这是数字化的主体。数字化的意义在于改变各种方式,包括经济的发展方式、产业的组织方式、企业的生产方式。

综合起来看,数字化的本质可以用三句话来概括:第一句话,数字改变基础结构;第二句话,数字驱动业务;第三句话,实现数实融合。

95

第二讲 大数据

大数据是数字化的基本"原料",围绕大数据主要谈五个方面。

一、数据资源

数据资源是战略性资源,得数据者得天下。根据新的摩尔定律,全球数据量每18个月翻一番,今后的数据量会越来越大。数据是个大金矿,数据红利十分丰厚,值得开发。譬如徐州工程机械公司,主要是生产挖掘机的,每年要生产100万台挖掘机。以往挖掘机销售以后该公司就不再跟进,现在将100万台挖掘机全部联网,用传感器来采集挖掘机的使用数据,包括挖掘机的速度、挖掘机的油耗、挖掘机的温度,还有挖掘机零部件使用情况等,将这些数据传到数据库,通过大数据分析再反馈给每个挖掘机的使用者，让使用者能实时掌握挖掘机的工作动态和状态，避免挖掘机出现大的故障。而作为数据的报告费，每台挖掘机收费是比较低的，每台每年大概需要 500 块钱，这样 100 万台就能够营收五个亿，也就是说通过大数据一年就能够得到五个亿的红利。又因为 100 万台的挖掘机是分布在全国各个工地，通过大数据分析还可以了解这 100 万台挖掘机在各个工地上的运行情况，使之变成一个"挖掘机指数"。后来该公司向国务院相关部门汇报挖掘机指数得到赞扬，相关部门要求该公司将指数按照一定时间来报告，使整个国家的工程建设状况，有一个比较明显的数据分析，这就是挖掘机指数的新价值。

二、数据产业

数据是一个大产业，数据的产业链是很长的，包括了数据的采集、数据的清洗、数据的存储、数据的标记、数据的处理、数据的开发、数据的应用等等。构建一个数据服务的产业链，可以吸纳大量的劳动力，产生可观的价值。比如贵州省的贵阳市，最近三年大

力发展数据产业，邀请北京、上海许多需要建大型数据中心的产业到贵阳来建数据中心。为什么要来贵阳建数据中心呢？因为贵阳市曾有许多工厂建设开办，后来随着时代发展，这些工厂已经关闭，但厂地还在，且都建在山洞里，山洞的优势是冬暖夏凉，山洞里温度常年是15℃左右，这对于存储大数据是很好的条件，能够节能、节约成本，而且山洞很大，足够接纳数据中心的建设。最近三年，贵阳通过大数据产业的发展，GDP增长1500个亿，财政收入增长120个亿，一下子增加了很多的发展机会，充分体现了数据产业的优势。

三、数据要素

数据是新的生产要素。传统的生产要素包括劳动力、土地、资本、技术。数据的生产要素具有特殊性，不仅自己具有价值，而且与传统生产要素相结合能产生新的价值。数据赋能劳动力，数据赋能土地，数据赋能资本，数据赋能技术，将产生价值的乘数效应，所以数据已经成为关键的新生产要素。如常州电能营运公司，是一家专门为企业建变电所、维修变电所的公司。在长期的工作中该公司发现，中小企业管理运营变电所，只是要有至少3个人值班，有的要6个人，但实际上工作量是不大的。为帮顾客节省劳动力，该公司提出一个方案，帮顾客建好变电所，再帮顾客运营。长久下来，该公司现在帮中小企业运营的变电所达到5000个，通过运营最大的收获就是得到5000个中小企业变电所的数据，这些数据的价值很高，对企业节约用电、提高用电效率都有很大的作用。近年这家上市公司向资本市场募集资金，原来计划增发2个亿，结果增发了5个亿，比预期多了3个亿。后来有人分析为什么会多了3个亿呢？主要是由于投资者看中这家公司有这么大量的数据，这些数据的价值是不可预估的，认为这家公司的发展后劲比较大，所以大家都愿意投资。而在增发中间增加的3个亿，就是由大数据带来的，由此可见大数据这个要素的重要性。

四、数据资产

数据从资源上升为资产，发挥更大的作用需要做到如下三点。其一对数据要确权。按照新的规定要求，数据一分为三，即数据的持有权、数据的加工权、数

据的经营权分开。这是数据基础制度的重大创新，有利于数据的开发使用；其二将数据流通进入市场。通过打通堵点和痛点，使数据证券化，实现交易与增值；其三将数据资产化。根据财政部新的规定，数据可以作为数字资产列入资产负债表，增加企业新的资产。这对于很多轻资产经营企业是利好，因为他们没有大量的固定资产，如土地、厂房等，但是他们有数据资产。这些数据资产如果进入资产负债表，能够增加净资产，对他们融资和估值都能够起到重要作用。

五、数据安全

数据安全十分必要。首先要处理好数据使用与数据安全的关系，数据使用是价值，数据不使用是成本。因为数据不使用放在服务器里要用电，就是一种成本支出，使用与安全相比，数据使用是第一位的。从数据的总量来分析，真正需要保护的数据大概占10%左右，绝大部分的数据是应该通过流通、开发来使用的。数据安全主要是通过技术手段来解决，比如通过区块链加密来保护数据，通过联邦计算能够做到数据可用而不可见。

第三讲 云计算

云计算是数字化的新型服务平台,围绕云计算主要讲五个方面。

一、云计算的本质

云计算是什么?云计算是提供计算服务的大平台,就像用电一样,不是一家一户安装发电机的小生产方式,而是集中建设发电厂的大生产方式。发电厂的电通过电网向全社会供电,云计算平台的计算资源也是这样。云计算是基于互联网集中供给计算的模式,通过网络提供按需、高效、可靠、灵活、安全的计算资源和计算环境,为用户大量节约使用成本,提高使用效率。所以云计算的本质是数字化的集中服务。

二、云计算架构

云计算的基本架构由三大部分组成,一是基础部分 IaaS,基础设施即服务,有服务器等硬件的构建,主要是存储数据。二是平台部分 PasS,平台即服务,数据在平台上进行计算。三是应用部分 SaaS,应用即服务,主要是软件的服务,软件通过 SaaS 来提供应用市场。

美国软件服务以 SaaS 模式为主,更多是将软件部署在平台上提供服务,而非单纯售卖软件本身,服务方式以平台化的 SaaS 模式为核心。中国市场中,部分软件以平台化 SaaS 模式提供服务,另一部分仍以传统软件购买为主。SaaS 软件服务本身是一种平台化服务的规模化生产模式。

三、云计算的功能

云计算有五大功能:第一,存储功能,就是将数据集中存储在云服务器上;第二,计算功能,应用服务器的计算功能,对大量的数据进行集中计算;第三,服务功能，云平台上有各种各样的软件，如 App、小程序等，通过软件应用为用户提供各种专业服务；第四，管理功能。云平台上有各种系统，为用户提供管理，主要是管理公共服务，比如一个企业集团，它下面有很多子公司、分公司，这种集团通过云平台进行管理公共服务是最好的，不用每一个子公司、分公司自己各开发一套管理公共服务。这样不仅能够节省投资，而且服务质量更好；第五，安全功能。云平台应用多种安全系统，确保服务的安全。我们要求数据的安全跟存款的安全是一样的，存款放在家里不一定是安全的，放在银行里大多数是安全的，因为银行有很多安全措施。在云平台里的数据也是这样，它有很多安全措施，道道把关，比自己保存应该更安全。

四、云计算的类型

云计算总体上分为四大类，第一类是公有云，也由就是大机构、大企业，建立公有的云平台，为社会化服务。第二类是私有云，企业或机构建立的私有云平台，为企业或机构内部自身服务。第三类是混合云，就是将公有云和私有云结合起来，既为自身服务，又为社会服务,第四类是边缘计算,在场景和终端为实现高效边缘计算,实施云计算与边缘计算一体化。为什么要搞边缘计算呢?因为放在云上计算时间比较长,放在边缘来计算不仅时间能更快,质量也能更高更安全。边缘计算与云计算合作实现了一体化运营。

五、云计算的应用

云平台上集中了大量的数据和资源,用户按需租用服务。企业上云已经进入常态,很多企业现在都在云上,全国用云量高度集中在北京、上海、深圳、天津、广州等一线城市,特别是北京、上海、深圳三城。传统企业将用了多少电,用了多少水作为一种考核方式,而深圳等地主要是看企业用了多少云,用了多少数,作为新的考核方式,这就是观念上的差异。

新的产业组成方式就是大量中小企业上云,从事基本业务,云平台为中小企业提供公共服务,如数据服务、资源服务、软件服务、要素服务等,以构建一个新的生态体系。中小企业是分布式的,集中起来的大企业在云上。未来大企业都是云平台,如阿里云、淘宝。淘宝中大量淘宝店都是小企业,上千万淘宝店都是小微企业，淘宝为上千万淘宝店提供各种各样的综合服务，所以整个淘宝就是上千万企业级的大企业，这是产业组织方式的重大的发展。

第四讲　物联网

物联网是数字化的传输网络,围绕物联网主要谈五个方面。

一、物联网的内涵

物联网是万物相连的互联网,一句话概括就是万物联网。指的是在互联网基础上延伸和扩展的网络,也是将各种信息传感设备与互联网结合起来的经营网络,可以实现在任何时候、任何地点,人、机、物的互联互通。特别是5G网络的应用,大大加速了互联网的发展,实现了万物互联。5G网络未发展和应用之前,网络速度慢,导致电子设备间连接出现迟滞效应,迟滞效应影响互动,特别是设备的互动动作,5G的发展很好地解决了这个迟滞问题,对于物联网的推进起

到了关键性作用。

二、物联网的构建

物联网的构建主要分三层：第一层是感知层，有大量的传感设备来感知信息，传感设备包括各种传感器，比如温度传感器、湿度传感器、长度传感器等。通过传感器来感知数据，激光雷达可以扫描周边的数据，摄像头设备能够感知城市各个场景的数据等；第二层是传输层，将感知到的信息由通信网络进行传输，送到人、机、物方方面面；第三层是应用层，将传输来的信息应用到各个方面，实现信息的交换、互享。

三、物联网的功能

物体通过联网进行信息的传播、交互，以实现识别、定位、跟踪、监管等功能，对企业具有重要的价值。有一个案例：某大型的肉类加工公司遇到一个问题，凡是将肉制品运送到500千米以外的地方都会亏损。分析了一下原因大体有四个：一是汽车货厢封闭不严密，在运输过程中小包装产品掉在路上驾驶员不知晓，造成了损失；二是肉制品在长途运输中需要汽车开冷气来保鲜，驾驶员为了得到节约汽油的奖励，在刚上路时开一会儿空调，过了一阵子就关掉了，时间长了，肉就坏掉了；三是有的驾驶员加满油后，将油箱里的油便宜卖给其他司机以此获利，导致耗油更多；四是汽车返程一般是空车，司机为谋利走远路去帮别人带货，导致运输成本增加。面对这些难题，企业想了一个好办法，就是搞物联网。企业在汽车上面装了多个探头和传感器，这样收集到的这些数据能够实时传回公司总部。如小包装产品掉了，探头捕获信息后就会告诉驾驶员去拾回；如司机把空调长时间关了，传感器感应温度升高，就会通知司机赶快把空调打开；如司机把油卖给了其他司机，传感器感应油变少就会通知公司，说明司机用油不正常；如回程时司机去远程带货，GPS 就会显示并传输回总部。有些驾驶员对此很反感，就把传感器、探头拆掉，拆掉以后汽车的方向盘不动了，车就开不了了。就这样，通过应用物联网解决了 500 千米以外送货亏损的难题。

四、设备互联

设备互联是物联网最重要的应用功能，网络协同就是通过物联网使设备能够协同起来。现在我国的设备互联处于初级阶段，互联的数量规模不大，但发展的空间巨大。有一个很好的案例：在我国许多城市，一条长长的马路上相隔几十米就有一个红绿灯，如果等了一个红灯好不容易绿灯来了能走了，但几十米外又是个红灯，这样，交通拥堵不是少了，反而多了。这是什么原因呢？因为红绿灯的信号灯是信息孤岛，指令自动但不智能，前面一个红灯变绿灯，后面应该是随着距离和车速逐渐同步变绿灯，就像日本的绿波带，只要这一条路不拐弯都是绿灯。日本就是把城市红绿灯用物联网连起来，实施智能化服务。现在我国最大的物联网就是车联网，对自动驾驶起到关键性作用，随后轮船也要开始船联网，实现无人驾驶。

五、互联智能

互联智能网络范式有望有效帮助解决当前社会经济体系中的挑战，并对人类日常生活产生重大影响。

互联智能是互联的产品与设备产生智能,实现数据物联共享,产生新的智能,使设备与产品能力越来越强。现在的产品也好,设备也好,只是功能性的,不是智能性的,如果用物联网连起来,就是把功能变成智能。如家用扫地机器人,未联网时需要频繁弯腰调整,联网后会自动规避障碍物,远程控制等实现智能化,而且大量扫地机器人通过联网实现数据共享、能力共享,通过共享让每一个联网的扫地机器人能力越来越强,能够处理各种复杂问题。现在产品联网也越来越多,如冰箱,不联网的冰箱仅是功能冰箱,联网的冰箱才是智能冰箱,智能冰箱知道冰箱里面什么东西没有了,就会自动帮助去购买,而且冰箱云上面有很多菜单、做菜视频,给生活提供了便利所以互联以后最大的变化,就是把功能产品变成智能产品。

第五讲　区块链

区块链是数字化价值的实现，围绕区块链主要谈五个方面。

一、区块链定义

区块链中的"区块"是指数据库。区块链中的"链"是指众多的区块形成一个不断增长的链，加起来就叫区块链。区块链是一种分布式的数据库技术，以块的形式记录存储的数据，并且使用密码学算法，保证数据的安全性和不可篡改性。

二、区块链是信任链

区块链的核心是去中心化，通过点对点的加密来保证数据的可靠性与安全性，不需要第三方来储存数

据。区块链保证数据的透明度以及可追溯性，实现数据的公平和可信，成为真正的信任链。如数字货币都是数据上链的，保证货币真实性、透明度以及可信度。比特币是2008年金融危机后出现的一种数字货币，可以让人们绕过银行和传统的支付方式进行交易，如今已经在数千种所谓的加密货币中脱颖而出。它依赖于"区块链"技术，是一个共享的交易数据库，每项数据都必须经过确认和加密，保证货币的透明性、公平性、可靠性，所以比特币虽然起起落落，但一直在发展，价值也是上升的，说明大家还是信任区块链的。

三、区块链是协作链

区块链最适用于大规模的协作体系，协作期间成员们最需要的就是协作协议。区块链由所有协作成员签订一个"共识协议"，这个共识协议是共同遵守的价值主张与共同规则。共识协议是一个算法，自动执行不是人来执行，而是通过代码来执行，所以是一定要执行的。元宇宙有一个新型的组织DAO，DAO是什么意思呢？是自由人的联合体，就是大家为了同一个目标或者同一个任务组成一个新的组织。这个组织里的人都不熟悉，怎么组织起来的呢？就是通过共识协议来组织或规定这个组织的各种行为。DAO组织的目标是实现"四共"：第一，自由共生，大家自由组织起来共同生存；第二，价值共创，围绕一个目标、一个任务，大家共创价值；第三，利益共享，产生的利益大家共享，共同分配；第四，自治共建，通过自治来共建，一人一票，大家同意后才能实现。

四、区块链是价值链

区块链中的协作体实施价值共创，利益共享。首先要对所有贡献者的创造价值进行确权，然后按照确权进行分配。区块链的价值分配是通过智能合约来实现的，什么是智能合约？也是一个算法，是用代码来保证合约自动执行，因为是靠代码而不是靠人，所以是一定要执行的。

雄安新区所有的工程都是用区块链来实现价值的。先把工程整个过程放在区块中，为每一个区块确定其价值，等区块工程款到了，就按照原来设定的价值自动执行，这样大大减少了应收款和拖欠工程款，各方所做的价值一次性到位。工程中建筑工都有一个钱包，

到月底钱就打到他钱包里去了。通过区块链来保证价值分配全部到位，所以区块链是价值链。

五、区块链的应用

随着区块链技术的成熟及其与其他数据的结合，区块链的应用越来越广泛，应用的效果也越来越好。现在已经普遍应用的主要有几个方面：一是区块链存证。区块链存证是确认各种证书，如学生的毕业证书、专业证书、票据等，都通过区块链来存证，就是将数据上链，确保证件、票据是真实的、不可篡改的，这就是存证的作用；二是区块链溯源，溯源是区块链从源头跟踪，如菜场里的蔬菜，从农田种植蔬菜开始，种植以后怎么样收割，怎么样包装，怎么样运输，怎么样到达商场，最后送到用户手中，整个过程可溯源，每一个轨迹的数据都是上链的，保证用户手中的蔬菜是新鲜的、有机的、绿色的，通过区块链保证蔬菜的安全；三是供应链金融，通过供应链金融来解决企业信用问题。供应链金融围绕一个主体企业，建立上下游企业配套供应链，将每个企业的数据上链，按照贡献程度来确立价值，诚实信用得到保证，银行感觉这样是安全的，为此银行将款项分解到供应链里的每一个企业，这样不会搞应收款了，企业拖欠问题得以解决。供应链金融是一个好机制，区块链在其中起了决定性作用。

第六讲　数字孪生

数字孪生是数字化的双胞胎，围绕数字孪生主要谈三个方面。

一、数字孪生的定义

数字孪生是充分利用物理模型、传感器更新、运行历史等数据，集成多学科、多物理量、多尺度、多概率的仿真过程，在虚拟空间中完成映射，从而反映相对应实体装备的全生命周期过程，号称数字双胞胎。

二、数字孪生的构建

数字孪生主要由四个部分来构建：一是数据采集，通过传感器、监测设备等采集现实世界中的数据；二是数据处理，对采集到的数据进行预处理和清洗，将其转化为数字形式；三是模型构建，利用建模工具、算法和模型，将数据转化为数字孪生的模型；四是仿真执行，根据数字模型构建出合适的仿真模型，进行仿真和数据分析，从而达到优化和控制的目的。

三、数字孪生的应用

数字孪生技术已经应用于多个领域，常见的主要应用场景有以下几种。

第一是工业生产。数字孪生技术可以用于建立工厂、生产线、设备等数字模型，通过实时数据的采集和分析，实现生产过程的监控和优化，提高生产效率和产品质量。数字孪生不是固定的，因为数据在不断地被更新，所以数字孪生反过来对于实体生产起到优化的作用，特别是维修运营，数字孪生的作用特别大。数字孪生产生的数字产品可以作为一种新的软件产品出售，如设备的出口，假如用户很难到设备所在地来考察设备时，运用数字孪生技术，就能将数字产品发过去，用户就能看到设备，包括外形、内部结构、营运操作等情况，就像真的在看设备一样。数字孪生对于产品营销作用很大，而且，有些复杂设备可以两个产品一起卖，一边卖实物产品，一边卖数字产品，数字产品还是不断升级的。这是一种产品销售新方式，能带来更好的体验，也能带来更多的收益。

第二是城市管理。数字孪生技术可以用于建立城市数字模型，通过模拟城市的营运情况，优化城市的规划和管理，提高城市的安全性与舒适性。数字孪生城市对地下建筑特别有用。真实世界里，一条马路只能看到马路上面所有的建筑，马路下边的管道线路是看不到的，但数字孪生技术就能把地下的管道线路影像反映到路上面，这对维修很便利。如果要翻新一条马路，数字孪生也可以提供整条路的数字影像，使工人能更精细地翻新，这对于城市的建设与管理起到很好的作用。

第三是医疗健康。数字孪生技术可以用于建立患者的数字模型，通过模拟和分析患者的生理和健康情况，提供个性化的医疗建议和治疗方案。数字孪生为患者个人建一个数字模型，通过分析模型提出解决方案，在数字模型上反复试验，通过迭代优化将问题基本解决，这样就能减少患者痛苦，更科学地解决医治问题。

第四是能源与资源的管理。数字孪生技术可以用于监测和优化能源资源的使用及分配情况，进而提高能源与资源利用效率和管理水平。企业先将能源与资源数字化，用数字孪生做一个最优化的模型，再应用到实际，大幅度提高了企业资源与能源使用的精细化程度。

第五是教育培训。对于教育培训行业，数字孪生可视化技术有着神奇的应用场景，可以改变现有的教育教学方式，提高教学质量，降低教育成本，带来更好的教育培训效果。随着数字孪生技术不断发展，飞行模拟成为飞行员培训和飞机设计领域的重要组成部分。数字孪生技术，基于数字模型和仿真，可以在虚拟环境中精确地模拟飞行过程，从飞机设计到实际飞行培训，为飞行行业带来了更高的效率、安全性和成本效益。如飞行员培训，运用数字孪生技术先做一个数字飞机，在数字飞机上模拟培训，在技能掌握后，再进行实际训练。这样，一方面训练时间大幅缩短，另一方面培训安全性也得到了保证。

第七讲　虚拟现实

虚拟现实是一种通过计算机技术和感知设备模拟出的数字化环境，使用户能够身临其境地体验和探索未知的数字世界。虚拟现实是数字化的交互机制，为人们提供了前所未有的沉浸式体验。围绕虚拟现实主要讲三个方面。

一、虚拟现实的技术

虚拟现实技术是人们进入到数字世界的交互技术，也就是从物理世界到数字世界，通过数字头盔或者数字眼镜，用户可以进入一个完全由数字化技术构建的虚拟世界，感受到360度全方位的沉浸式体验。随着技术的不断成熟，数字眼镜和数字头盔之间存在的问题正在逐步解决。

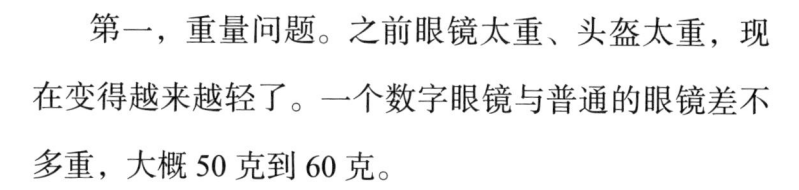

第一，重量问题。之前眼镜太重、头盔太重，现在变得越来越轻了。一个数字眼镜与普通的眼镜差不多重，大概50克到60克。

第二，头晕问题。之前长期使用数字眼镜和数字头盔容易头晕，经过技术上的不断迭代，头晕的问题已经基本解决了。

第三，价格问题。数字眼镜与数字头盔原来价格很高，随着技术的不断迭代，现在的价格越来越便宜了，基本上数字眼镜与智能手机价格相仿，虚拟现实工具已经慢慢普及化了。

二、虚拟现实的分类

虚拟现实技术主要分四大类：第一类是VR，VR为虚拟现实技术，一种通过特制设备创造出来全新的虚拟的环境，使用户沉浸在虚拟世界之中；第二类是AR，AR为增强现实技术，一种在现实世界中叠加虚拟信息的技术，用户通过手机、平板电脑等显示设备，就能观察到现实场景，系统通过识别现实场景，并将虚拟信息叠加到现实场景中；第三类是MR，MR为混合现实，是现实世界和虚拟世界的融合，产生新的

可视化环境，环境中同时包含了实体环境和虚拟信息，且具备"实时性"，虚拟信息可以在真实世界中实现实时交互；第四类是XR，XR为扩展现实，是由计算机技术和可穿戴设备产生的所有真实及虚拟环境的结合以及人机交互，是VR、AR、MR的集合，所以实际与虚拟融合的技术都可以视为XR的一部分。XR的体验感也更强烈。

这四类技术在现实中都已经使用，XR技术具有最好的发展前景。

三、虚拟现实技术的应用

随着各种技术的深度融合，相互促进，虚拟现实技术在教育、军事、工业、文旅、医疗、城市仿真、科学计算可视化等领域的应用都有极大的发展。现在应用比较好的领域是文旅、工业、医疗。

第一是文旅行业。文旅行业主要用在旅游上，旅游景点应用VR技术进行创新，如2024年的上海豫园灯会，以《山海经》中的奇草异兽形象做成花灯实景，再与AR技术融合，将整个灯会搬进元宇宙，在线上为游客再塑"云游山海奇豫记"，游客可以通过手机镜头等看到巨鲲正乘云飞过、玄鸟从湖边掠过……这种美好的互动性和体验感,是虚拟现实技术的有效应用,同时也促进了旅游业发展。

又如四川的猴山,猴山上原来有很多猴子,猴子经常和人发生冲突,特别是小孩跟猴子玩耍后,被猴子用小石头砸伤。管理人员没有办法就把猴子赶跑了,猴子赶跑后也没人去猴山了。现在想了一个新的办法,就是引进数字猴子,制作许多数字猴子,应用VR技术与数字猴子来玩,数字猴子不会砸伤人,而且更有趣,体验性更强。数字景点吸引了大量的游客。再如杭州西湖,如果游客冬天到杭州西湖旅游时突然想看春天的西湖,应用AR技术就能看到春天的西湖景色,苏堤春晓、柳浪莺啼近在眼前,观赏的体验性就更好了。

第二是工业行业。工业利用虚拟现实技术有设备维修,运用VR、AR技术先虚拟维修一遍,确定做好后再到现实中去维修,可以节约成本,缩短周期。

第三是医疗行业。面对疑难杂症,有些手术医生是没有把握的,这时用VR、AR技术在虚拟场景中先模拟开刀手术,根据效果不断调整,基本掌握后再实际开刀把握就大了,治愈率就高了,效果也就更好了。

虚拟现实技术最大的应用在元宇宙,元宇宙不是

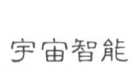

一个虚拟空间，而是一个虚实结合的世界。元宇宙是通过合并各种虚拟空间而形成的虚拟数字3D宇宙。进入元宇宙最好的交互工具是数字眼镜、数字头盔，有了这两个工具才能进到元宇宙。我们可以用虚拟身份进入数字世界，并且可以在各种元宇宙空间中购物、闲逛或与朋友会面，就像在现实世界中一样。简而言之，在现实世界的孤立环境中不能实现的活动可以在元宇宙中虚拟地发生。

第八讲　脑机接口

脑机接口是指在人或动物大脑与外部设备之间创建的直接连接，实现脑与设备的信息交换。围绕脑机接口主要谈三个方面。

一、脑机接口技术

脑机接口是一种大脑与计算机之间建立直接通信渠道的技术，可以实现大脑与设备的信息交互控制。在实现过程中，需要解决信号采集、信号的处理和输出控制等问题。脑机接口有两种方式，一种是侵入式，一种是非侵入式。侵入式需要深入头颅内部的组织对信息进行采集和记录，这是一种有创的方式，其优点是记录的信号时空分辨率高，信息量大，能够精确地控制。非侵入式采取无创采集技术，在头部的表面或者附近采集大脑响应信号，所以实现的交互性能是比较有限的。美国的富商马斯克是用侵入式做实验，开始的时候用猴子进行实验，在猴子实验成功的基础上，再对人脑进行实验，现在得到了美国政府的批准，可以直接进入人的大脑进行侵入式脑机接口的试验。

二、脑机接口的组成

脑机接口通常由三个部分组成：一是信号采集系统，通过电极感应器等设备，从大脑中采集神经信号；二是信号处理系统，将采集到的神经信号进行处理，转换为计算机可以理解的二进制代码，就是由0和1组成的二进制代码；三是输出系统，将计算机处理后的二进制代码转换为控制信号，控制外部设备的联动。

三、脑机接口技术的应用

脑机接口技术的应用场景越来越广，包括医疗、教育、工业、文娱等诸多方面。比较成熟地应用于如下几个方面。第一，医疗领域。脑机接口技术可以帮助残障人士实现肢体功能的恢复。比如失明，眼睛看不到，通过脑机接口就能看见事物；又如失聪，耳朵听不见，通过脑机接口可以恢复听力，像正常人一样能听到各种声音；又比如截肢，手脚截肢后难于运动，可以安装义肢，用数字化的义肢与脑接口就能恢复运动功能；又比如阿尔茨海默病，即老年痴呆症，通过脑机接口可以提高记忆能力，缓解疾病；还有脑卒中等神经性的疾病也有望解决。

第二，教育领域。脑机接口技术可以应用于教育与训练，如儿童注意力问题，小孩子注意力不够，通过脑机接口可以提升注意力，提高学习效果很明显。

第三，职业培训领域。企业培训员工操作设备技术时，员工通过脑机接口技术，可以更加智能化地控制操作设备，提高工作效率和准确性。如新的设备操作起来复杂难度高，用脑机接口技术，能快速掌握知识与技能。

第四，文娱领域。脑机接口技术，可以用于音乐、电影、旅游等行业，通过感知观众的脑电波的信号来实现更加智能化的娱乐的体验，增加观众的参与感和互动性。比如一部电影，观众看的时候，用脑机接口技术，就能通过观众的脑电波信号来收集电影的情节，对观众的影响，从而为优化电影内容提供参考价值。

又比如游戏，通过脑机接口后，可用脑电波信号来调节玩时的兴奋感，使玩得更有体验感。

随着脑机接口技术的不断发展和升级，人类能够成功将脑机接口技术融合进生活、赋能产业，助力国民经济发展，提升大众幸福感。

第九讲　人工智能

人工智能是数字化生产的数字产品，围绕这一个主题主要讲五个方面。

一、人工智能的发展

人工智能是应用数字技术创造与人类智能相类似的智能机器，模仿人类具有感知、分析、决策、执行等能力。一般情况下，新技术的发展都有三大浪潮，人工智能作为新技术的一种，其发展也经历了三大浪潮：第一波浪潮是技术关。1965年创建图灵测试系统，所谓图灵测试就是机器与人同样来测试题目，如果是达到30%的正确率，说明机器成功；第二波浪潮是生态关。1980年起逐步建立人工智能产业生态系统，生态系统是配套的，包括技术、市场、社会等；第三波浪潮是应用关。2016年开始，人工智能进入市场应用阶段，标志性的事件是阿尔法狗战胜了全球的围棋冠军。特别是2022年美国OpenAI发布ChatGPT具有划时代意义，开启了全面智能化的新时代。

二、人工智能的构成

人工智能三大核心要素是算法、算力和数据。①算法是方法，即解决问题的方法，就如数学中的函数公式。算法重在时空结构，从空间结构来讲，主要是参数权重；从时间结构来讲，主要是编码时序，以代码程序来表达。②算力是能量，重在数据中心和智算中心，更多的是智算中心，即智能计算中心。现在的算力缺口巨大，主要体现在芯片的供给，特别是GPU芯片。CPU是文字芯片，GPU是图像芯片，最缺的是GPU，由美国英伟达公司生产，市值超过万亿美元。③数据是原料，重在数据的规模和质量，数据规模越来越大，全球数据量每18个月翻一番，数据质量主要体现在动态数据和结构化的数据。

三、人工智能的学习方式

人工智能的学习方式有两个方面：一是机器学习，二是神经网络，两者相加为"机器学习+神经网络"。

首先是机器学习，这是一种试错性学习。人类学习是正面的学习，机器学习是试错中学习。机器学习时对照目标，凡是数据与目标接近就是1，与目标背离就是0，经过不断地试错，最终优化达成目标。

机器学习的具体方式：一是监督学习，所谓监督学习是我们人控制的，对于每一个数据都有标志；二是无监督学习，无监督学习是没有人控制的；三是深度学习，深度学习由机器自己学习，通过数据学习发现规律；四是强化学习，通过反馈来优化学习。

关于神经网络，神经网络是一个学习的架构，像人的大脑一样学习，数据训练是通过神经元网络进行的。

四、人工智能的分类

人工智能总体上分成两大类：第一类是执行式人

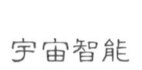

工智能。如机器人，机器人按照人类制定的固定程序，按照指令来自动执行的。执行式 AI 具有感知功能，人脸识别就是视觉的感知功能来达到人脸识别要求；第二类是生成式人工智能，也就是生成式的 AIGC。生成式人工智能既有感知功能，也有认知功能，能自主生成智能内容。生成式人工智能又分成两种：一种专用人工智能，在一个专用领域中生成智能；一种通用人工智能，即大模型，已经成为通用人工智能的入口，运用在各行各业中。通用人工智能如果再向前发展，就成为超级人工智能。

五、人工智能的应用

人工智能的应用已经深入到百行千业，这里讲两个典型案例。

第一个案例是专用人工智能。无锡有一家企业，主要运营的是将电梯联起来的云平台，有 150 万台电梯在云上互联互通。云平台由专用人工智能来运营，主要是远程监控，原来一台电梯，6 个部门管，数据都是孤立的，每年的维护成本很高，通过 AI 连通以后，一台电梯由原来每年维修费用的 3000 元减少到现在只要 1200 元，减少了 60% 的成本，每台电梯节省了 1800 元，总共 150 台电梯节省成本 27 万元，效果明显。现在梯联网将数据应用到其他领域，与保险公司合作，使保险公司能够预判电梯情况，减少了电梯的损坏，赔付费用也大大减少，效果也很好。

　　第二个案例是通用的人工智能。通用人工智能也就是大模型，对大学生就业问题已经开发了大模型，大模型把大学生的应聘资料和企业的招聘信息进行数据整合，就可以提高就业的匹配度，比如有个大学生要求就业与大模型对话，他把自己的情况与大模型交流以后，大模型匹配了 10 个方案，可以到 10 家企业去应聘，大学生按照方案应聘，果然有 5 家企业给了他 Offer。他也不知道这 5 家企业怎么样，再次跟大模型交流，最后就确定一个。大模型又告诉他面试方法，因为大模型掌握了很多面试的案例，他按照大模型给的建议，提高面试成功概率，某种程度上人工智能发挥了很大的作用。

第十讲　大模型

大模型是通用人工智能的入口，围绕大模型主要讲五个方面。

一、大模型的革命性

大模型是知识的大革命，其革命性体现在三个方面。

第一，大模型GPT是"超级知识库"，集中了人类80%的知识和数据，并进行有序的结构化。全球80%网站上的知识信息、全球80%图书馆的知识与信息、全球80%博物馆的知识与信息，它们是名副其实的"最强大脑"。

第二，大模型GPT是人机交互的新机制，改变传统的编程代码交互方式，直接使用自然语言进行人机交互，这是交互方式的重大突破。传统的人机交互要通过编码程序，比较很专业。现在 GPT 改变了，直接可以用自然语言跟计算机交互，是重术突破的新机制。

第三，大模型 GPT 是智能的重大基础设施，它具有百亿级、千亿级的参数，由于参数量大而产生涌现效应，产生强大新推理，自主生成智能内容，适用于各行各业，成为重要的智能基础设施。

二、大模型的基本类型

大模型大体上分为三种类型。

第一是基础大模型，具有开放性和系统性优势，主要是提供公共服务，Chat GPT、百度的文心一言、DeepSeek 等都是基础大模型。

第二是行业大模型，通过行业数据的微调，创建行业性大模型，主要提供行业服务。因为基础大模型比较宏观，每个行业情况不一样，所以要搞行业大模型，来适应各行业的需求。

第三是专属大模型，通过场景数据来微调，专门为场景服务，提高服务的精准化水平。专属大模型还包括企业建自己的专属大模型，个人建自己的专属大模型，企业大模型和个人大模型将成为新的潮流。

三、大模型的普惠应用

大模型服务方式有三类：一是新工具。大模型的新工具主要有 7 种，包括创建文本、创建图像、创建音频、创建视频，还有能翻译、能做代码、能做 PPT 等；二是新能力。大模型赋能营销决策、为各种场景提供智能决策。通过提高水平，为企业大幅度增加价值；三是新伙伴。大模型已经把工具作为合作伙伴。未来团队有 AI 成员参加，AI 是最好的智能伙伴。

现在大模型已经应用在金融、文化、教育、医疗、工业、交通、能源等诸多领域。

以金融为例，大模型有五大应用：第一，精准营销，由于大模型数据多，能够深度分析客户需求，然后更好地为客户服务，还能通过全网搜索找到新客户，起到精准营销的作用；第二，智能客服，银行里的用户客服许多是数字人，能够回答 80% 的问题，特殊的问题则需转接人工来回答；第三，智能投顾，运用这个大模型进行投资做决策，当投资顾问，更精准更有成效；第四，智能风控，金融投资主要看重风险控制，大模型通过数据分析，能够发现问题、提出问题、预测风险，从而控制风险；第五，软件开发，金融行业经常要开发新的软件，现在用大模型来开发软件，效率高、质量好。

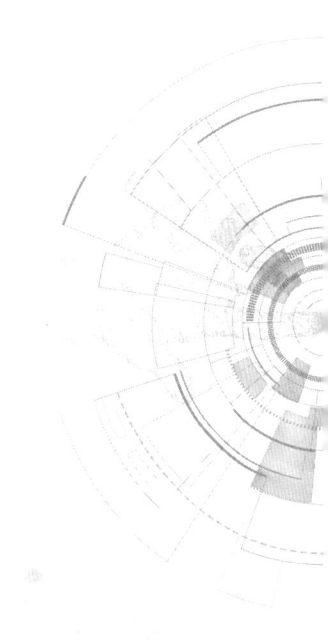

第十一讲　智能体

智能体是人工智能领域中一个较重要的概念。任何独立的能够思考并可以同环境交互的实体都可以抽象为智能体。智能体是人工智能的高级形态，围绕智能体主要讲四个方面。

一、智能体原理

智能体的英文为 Agent，Agent 是高级人工智能，以大语言模型为驱动，具有感知、规划、记忆、行动的能力，通过独立思考调用工具等，具备完成给定任务的能力。智能体 Agent 既可以是高度自主性的软件，也可以是高度智能性的硬件，充分体现认知性、自主性和预动性，模拟人类思维和行为方式，实现对环境的感知、决策、行动和学习的过程。

二、智能体构成

智能体 Agent 以大模型为技术基础，有四大模块构成：一是记忆模块，智能记忆能够形成短期记忆和长期记忆；二是规划模块，智能体能够事前规划与事后反思；三是工具模块，智能体能调用网络上的各种工具；四是行动模块，智能体能实施完整的行动决策。因此，智能体能独立为人们提供服务。

三、智能体组织

智能体 Agent 主要有两种组织形式：第一种是专业智能体，协助人做好专项业务，如设计的智能体、营销的智能体、专项为人服务的智能体；第二种是智能代理，智能代理是个人专属的智能助理，为个人提供专属服务。

现在智能体已经进入商店，就像 App Store 软件商店，开发者把软件放在商店里供大家自行使用。OpenAI 公司也建立了 GPT 商店，是 AI 大模型的商店，开发大智能体放在商店里出售或租赁。如美国的面壁智能公司发布全球首个"大模型+Agent"的平台，平台上有800多个具有特定技能的智能体，包括设计师、销售代表、开发经理、产品经理、测试专员、监督专员、咨询顾问等，通过出售或者是租赁来为用户服务。智能体Agent已经具有社会功能，能够互相学习交流、协同组织、不断进化。斯坦福大学做了一个试验，组织25个智能体Agent社区，智能体之间互相学习、互相交流、互相赋能，具有较高的协作能力。智能体具有社会性质，这是新的发展的趋势。

四、智能体的应用

智能体Agent已经应用于多个领域，举三个案例。

一是柔性制造，智能体Agent应用于柔性制造系统，可以实现生产线的自动化和个性化，高度适用于智能制造。

二是软件开发，智能体Agent应用于软件开发，可以实现代码的自动生成、优化和测试等功能，提高软件开发的效率和质量。软件开发现在主要靠专业人员，效率比较低，质量并不能够保持一致性。如果用智能体，效率可以大幅提高，质量一致性能得到保证。

三是交通控制，智能体 Agent 应用于交通信号灯的控制、车辆导航和行驶控制等，可以提高交通系统的效率与安全，提升自动驾驶和无人驾驶的水平。现在的自动驾驶和无人驾驶，靠专用人工智能可提供的能力是有限的，关键识别能力不够。智能体应用在自动驾驶和无人驾驶领域，能提高驾驶的准确性，特别是提高其安全性，作用十分明显。

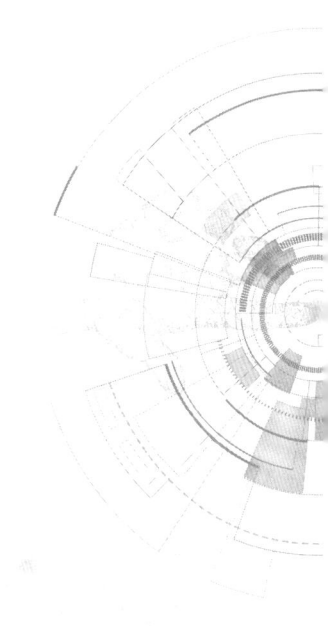

第十二讲 数字经济

数字经济是数字化的新经济，围绕数字经济主要讲四个方面。

一、数字经济的由来

2007年是全球经济发展的转折点，其增长率达到了最高点，中国的经济在当年达到了14.2%的增长率，以后的增长率都没有达到这个水平，说明经济发展在当时到了一个转折点。2008年，一场金融危机爆发，引发了全球范围内的经济崩溃，对世界各国的金融体系和实体经济造成了巨大冲击。为了经济增长点的再次出现，全球各国都在研究新的经济发展方向，经过几年的努力，2016年9月在中国杭州召开的G20峰会上，将全球经济未来发展的方向确定为数字经济，这种趋势成为历史的必然。

二、数字经济的特征

对于数字经济的特征有多种表述，但归纳起来主要有三条：第一，数字经济以数据为关键要素，这是数字经济的基石，数字化也是数据、数字建立的；第二，数字经济以人工智能为主导技术，发展数字经济离不开人工智能，AI在数字经济中起主导性作用；第三，数字经济以智能化为核心目标，智能化是数字经济的根本目标。这三个特征中，数据为关键要素，人工智能为主导技术，智能化为核心目标，它们代表数字经济本质的特征。

三、数字经济的基本任务

数字经济的基本任务就是实现"两化"，即数字产业化、产业数字化。

第一，数字产业化就是发展数字产业。一是数字硬件产业，如芯片、机器人、传感器、无人机等。二是数字软件产业，主要是智能软件、风控软件、高级的算法等。三是数字服务业，是最大的数字产业，包括数据服务业，数据服务是很长的产业链，包括云计算服务、区块链服务、大模型服务等，每个领域的产业规模都要达到万亿级的水平。

第二，产业数字化。现在数字经济已经渗透到各个行业，包括农业、工业、服务业、制造业等。农业数字化渗透率为10%左右，工业数字化渗透率为24%左右，服务业数字化渗透率为40%左右，未来发展的空间较大。

制造业的数字化渗透较多，大体上分成六大模块。

一是产品数字化。制造业产品大多是功能产品，要把功能产品上升为智能产品，使附加值提高，就离不开数字化，现在已出现许多智能产品。

二是开发设计数字化。以前开发设计都是通过实物来试错，费时费力费成本，现在要用数据来试错，通过数据设计、数据开发、数据模型等成功后再进入实物，这样不仅提高了效率，成本也大大减少了。

三是供应链数字化。主体企业数字化能带动企业上下游配套企业数字化，形成供应链数字化，供应链协同数字化使库存大幅度减少，效率大幅度提高，成本也相应减少。

四是生产数字化。生产数字化不仅能提高效率，

更重要的是能实现个性化生产、实现定制化生产,这才是生产数字化的真正效果。

五是营销数字化。企业营销不是简单推销,要应用数据来匹配营销,通过数字分析来给客户画像,用算法匹配,满足客户需求,实现精准营销。

六是营运服务数字化。运营服务也逐渐数字化,现在好多服务应用数字人,通过远程维护应用云平台。如上海有家锅炉企业,已经为中小企业提供6000台锅炉,锅炉操作很复杂而且有安全问题,6000台锅炉实施统一管理,通过云平台数字化运营。企业中每一个场景都可以数字化,关键是将专业技术与数字技术相互融合,通过融合得到一个智能化解决方案,使每个场景实现数字化。

现在企业数字化已经逐步走向产业链数字化,全流程全方位数字化,这里关键的是要把数据流打通,由数据流来主导业务流,业务流来主导实物流,实物流来主导资金流,从而实现四流一体化闭环。

四、数字经济的价值

数字经济较大地释放数字红利。为什么能够实现这样高的价值呢？主要原因是传统企业有四大价值障碍，即"四个不"：一是不连接，互相之间设备与设备不连接，部门与部门不连接，企业与客户不连接，各方面数据打不通；二是不协同，部门与部门之间都是摩擦的，与供应商是博弈的；三是不匹配，产能中各环节互相之间不匹配，产能决定于最短的一块板；四是不及时，好多都是产生了问题才知道无法提前规避和处理。由于这"四个不"，使传统企业很多价值无法实现，更有的不创造价值，甚至消耗价值。

数字化还有"四个优"：其一精准化，因为数字是精准的，客户是精准的，原料消耗是精准的，能源使用是精准的，故精准化产生大价值；其二高效化，因为计算机速度快，效率就大大提高；其三协同化，通过网络能将各个方面协同起来；其四预判化，通过数据分析能及早发现问题，减少损失。

数字化的"四个优势"使得企业价值能够得到释放，"四个优"解决了"四个不"存在的问题，企业的数字化红利得到了充分发挥。据统计，数字化的投入产出也是很高的，投入产出比最高能够达到1∶6.7，也就是投资1块钱可以有6块7毛钱的产出，现在普通的投资大概是投资1块钱只有4毛钱的产出，所以投入产出比是很高的。因为数字化有一个数据积累的过程，数据没有积累到一定程度，其效果确实不太明显，等到数据积累到一定程度，超过一个阈值后，其效应将呈指数级增长，最终投入产出的效果相当可观，因此企业应尽早开始数字化。

第十三讲　电子商务

电子商务是以信息网络技术为手段，以商品交换为中心的商务活动，围绕电子商务这个主题讲四个方面。

一、电子商务的发展

电子商务起步比较早，但中国电商真正迎来发展的是在 2003 年。这一年，非典疫情突发，为电子商务的发展创造了契机，倒逼着淘宝、京东等电商平台去探索新的路径。

最初的电子商务实际上是网络营销，是一种营销的方式，如在淘宝上开一个网店。后来发展到了专业电子商务，如社区电子商务，专门在社区里做，社交电子商务专门在社交朋友圈做，自媒体电子商务，通过主播直播进行商务交易；还有人工智能AI电子商务、元宇宙电子商务等。而后又发展跨境电子商务，通过电子商务做进出口贸易，电子商务一方面解决了地区、时间限制商品交易，另一方面带动了支付行业、物流行业、快递行业的发展，衍生出一个电子商务的产业生态。

二、电子商务的特征

电子商务的形式有多种多样，其中基本的特征有两个。

第一个特征就是数据驱动业务，由数据流来驱动业务流，业务流来启动实物流，实物流来启动资金流，实现四流一体化。以往是通过人来驱动商务，现在通过数据来驱动商务，特别新零售人、货、场都是数字化，由数据流来推动人、货、场一体化的发展。

第二个特征就是线上线下一体化，即O2O，上面是Online，下面是Offline。电子商务是将业务上线，在线上进行交易，在线下来实现，线上与线下闭环运营。

三、运营客户流量

传统商务是以企业为中心，电子商务的核心是以客户为中心，即C2B。C是Custom，B是Business，电子商务多为客户服务。

电子商务的关键是经营客户。一要建立客户流量池，把客户特别是客户的数据积累起来，直接积累在私域流量中，也可以从公域平台上把流量迁移至私域中，建立客户流量池，这是企业最重要的资源；二要经营客户流量，通过自媒体不断与客户互动，使客户间建立黏性，甚至成为永久客户；三要对客户数据进行分析，满足客户需求，还可要求客户参与企业的经营活动，得到更好的体验，满足客户的潜在需求。

电子商务营销是运营客户，客户体验是首要的，先有体验，后有交易。体验在交易之前，体验高于交易，体验后将客户的潜在需求挖掘出来，通过满足客户的需求来提高其交易频率。例如，某电子商务公司主要做颗粒肥料，这种颗粒肥料用于家庭阳台上种花种菜，公司将肥料送给各个家庭，发现有的客户不只要肥料，还需要种子，就提供种子来满足客户的需求；

有的不懂栽培技术，就培训栽培技术，帮助种花种菜；有的需要栽培的工具，就提供工具。这样为客户提供种花种菜问题的整体方案，就是运营客户。

四、智能电子商务

AI智能电子商务是电子商务发展的新趋势，它通过智能化的技术和算法，提升用户体验、增强营销能力、改进供应链管理和保障交易安全。主要有三个特点：一是通过大模型优化电子商务的营销方案，大模型帮助用户整体策划并不断优化；二是运用人工智能AI数据分析运营新老客户，一方面AI通过深化数据分析，精准把握老客户的需求，另一方面AI通过全网搜索，帮助公司匹配潜在的新客户；三是在元宇宙中，嵌入公司人工智能AI产品，为客户带来更真实、更亲切的互动体验。在元宇宙中开展电子商务，不只是交易商品，也可以通过很多场景进行社交，还可以通过元宇宙提升客户的体验感，使交易变得有趣、有成效。

第十四讲　元宇宙

元宇宙是人类数字化生存的高级形态,这里主要讲四个方面。

一、元宇宙的本质

数字化的发展是从实体世界走向数字世界,实现数实融合的元宇宙。元宇宙既不是虚拟世界,也不是平行宇宙,而是数字与实体相互融合的全新时空。如果以一个公式表达,元宇宙就等于"数字世界"ד实体世界"。这里是乘"乘"是融合的,"加"是并列的,所以用数字世界乘以实体世界,等于真正融合起来的新时空。在这个时空中通过数字交互、以数强实,以实体为基础,以数字为主导。

元宇宙对实体有两大作用:第一是赋能,元宇宙通过数字技术使实体的价值倍增,起到赋能作用;第二是升维,所谓升维就是到更高的维度上来发展,元宇宙是更高维的,实体空间是三维的,元宇宙在三维基础上叠加一个数字空间,上升到一个更高的维度。升维作用较大,如德国有个汽车明星企业,要建世界一流的汽车生产线,他们从美国找到一流的科学家,从日本找到一流的工程师,从欧洲找到一流的专家人才,可这些人都是大忙人,不可能在同一个地方工作。怎么办呢?采取元宇宙技术,给这些人才建立一个数字化身,把他们通过元宇宙空间聚集在一起,在元宇宙里经过多次研究讨论,最终建成一流的汽车生产线。

二、元宇宙技术体系

元宇宙是新技术的大集成,主要有人工智能技术、区块链技术、数字空间技术、空间计算技术、数字交互技术等。元宇宙是 Web 3.0 基础架构,在 Web 3.0 中,每个人产生的数据和数字内容都属于个人所有,实现数字主权。Web 3.0 是真正以用户为中心,实现了等价的价值交换,体现了元宇宙的核心价值。通常用户产生的数据及数字产品不是用户的,是平台的,如在抖

音发布视频，这个数字产品的产权是抖音的。在元宇宙里就不一样了，通过 Web 3.0 架构，用户产生的数据与数据产品产权属于用户，可以与人交换，还可以变现，这样数字主权问题就解决了。

三、元宇宙经济体系

元宇宙的经济体系包括三个方面：一是内容创造，元宇宙以创造为本，创造驱动一切。元宇宙的内容创造有两个主体，一个是用户创造内容即 UGC，另一个是人工智能创造内容即 AIGC；二是数字资产，数字货币是数字资产的重要载体，代表性的数字货币有比特币、以太坊等，数字资产在元宇宙中不断交易增值；三是实现价值，元宇宙由经济体系实现价值，主要形式是 NFT，NFT 为非同质的数字资产、数字资产的凭证，通过发布 NFT 实施数字资产的确权、收藏、流通和交易，从而实现数字资产的价值，在元宇宙中 NFT 就是数字资产的上市。元宇宙经济体系主要是把数字内容变成数字资产，把数字资产变成价值。

四、元宇宙的社会体系

元宇宙的社会体系组成有以下三点。

一是数字化身。每个人进入元宇宙都要建立自己的数字化身，这是元宇宙中的数字身份证，数字化身是数字孪生，可将信息克隆成数字化身。进入元宇宙的交互工具主要有虚拟现实VR（Virtual Reality，虚拟现实）、AR（Augmented Reality，增强现实）、XR（Extended Reality，扩展现实）。

二是数字社区。元宇宙的组织形式是数字社区，即DAO。DAO是按照某种目的组成的自由人联合体，也是数字化身的联合体。DAO可以是几个人，也可以是几十个人，甚至是上千个人。根据某种目的组成的DAO，有营销的DAO、设计的DAO、生产的DAO。DAO是新的机制实施"四共"：其一自由共生，在元宇宙中自由组织、共同生存。其二内容共创，元宇宙主要是内容创造，大家共创内容。其三价值共享，在元宇宙中产生的价值由大家来共享。其四社区自治，数字社区由大家来自治，一人一票，按照投票方式进行治理。因此，DAO是新型数字化的社区，每个人都

是贡献者、创造者。

三是数字人。元宇宙里面有两类人：一类是个体的数字化身，另一类是数字人，数字人是人工智能生成的，这两类人在元宇宙中共同创造财富。如某个数字社区 DAO 有 100 多人，大家共同出资 100 万美元投资到海南一个农场，这个农场是种芒果的，芒果园由大家共同策划，产生的成果先分配给 DAO 里每个人，大家的本金拿到了，以后的经营收入共同创造共同分享。

第十五讲　新范式

新范式是知识创新的范式，围绕这个新范式主要讲三个方面。

一、传统范式

人类知识创新的范式是不断发展的，传统的知识创新有三种范式：第一是理论思维。通过理论思维来发现规律，如牛顿发现了三大定理、万有引力，爱因斯坦发现相对论，都是通过理论思维来发现规律的；第二是科学实验。通过做实验来发明创造，比如爱迪生、居里夫人这些科学家；第三是经验模拟。通过对历史的经验、对自己的经验，以及其他人的经验进行模拟，实现技术的创新，这是现在普遍采用的一种方式，通过模拟发现新的知识。

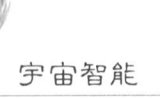

这三种知识创新的范式共同的特点都是基于人来进行知识创新的。

二、新范式变革

知识创新范式是人工智能来实现创新,用英文讲即"AI for science"。最近科技部提倡用人工智能来进行科学的发明创造,这是一种新的范式,它不是由人类个体来创造知识,而是由人工智能AI或者人与人工智能合作来创造知识,这是新范式的最大区别,成为重大的变革。

人工智能AI带来三大转变:第一,从实物试错转向数字试错。通常研发、设计、新产品试制是用实物来试错的,现在用数字来试错,两个试错结果不一样,实物试错成本高、周期长、一致性差,而数字试错能大大节约成本,缩短周期,提高质量的一致性;第二,从人工创新转向机器创新。靠人工经验创新具有局限性,而机器通过数字来创新自主生成智能,进行不断迭代优化;第三,从个性智能转向群体智能。传统是个体的智慧,而人工智能大模型是群体的智慧,远远超过任何个体及团队的能力,人工智能大模型是人类知识创新的革命性变革。

三、新范式应用

人工智能新范式已经应用于各行各业的知识创新。

案例一：人工智能试剂新药。现在新药试剂的成本很高，大体上一种新药需要1亿美元，约10年的周期，这是因为传统办法用实物来试验新药。现在要用数据试错来研制新药，通过数据建立模型来试错，成本大大降低。数据建模方式是将上亿的大分子组织成数字新药，然后在数字病人上试验，根据数字病人的反应，不断修改模型，进行迭代优化，最后把新药研制出来并在人身上验证，如果人没有问题，新药就研制成功了。

人工智能新范式制药有三个优势：一是成本低，大体上是原来成本的1/3左右；二是周期短，也是原来周期的1/3左右；三是精准度高，药品质量高，基本能达到预期效果。

案例二：人工智能设计大型机场。北京大兴机场是国际现代化的大机场，大兴机场设计过程中，先进行数字模型的设计，这个数字模型是地上地下、室内室外、建设与环境系统数字化。数字模型设计会征求三方面的意见，一是征求客户的意见，二是听取专家的意见，三是听取领导的意见。通过采取多方意见后的几十次迭代，最后大家一致认为好的设计方案就定下来。正式建设大兴机场时，建设成本大大减少，建设周期也大幅缩短了，质量也优化了。

新的范式是人与人工智能合作创新实施的。

第十六讲　知识大脑

知识大脑是重要的智能技术底座，围绕知识大脑主要讲三个方面。

一、知识大脑的构建

企业与人体是一样的，由大脑与身体构成的，现在许多企业的身体很好，引进的好设备、新建的大厂房，但企业的"大脑智商"偏小，大脑与身体不匹配。为此，建设好企业的"知识大脑"已经成为关键。企业大脑里的知识是很丰富的，主要包括两方面：一是海量数据，企业每时每刻都产生大量数据，设备的数据、人的数据，还有技术专利等；二是大量经验，工作经验、操作经验、管理经验等。大量知识处于碎片化分散的状态，应该集中起来建设企业"知识大脑"，这是最宝贵的数字资产。

二、知识大脑的作用

建立知识大脑的核心作用是共享，可实施三个共享：一是领导团队共享，通过知识大脑帮助领导搞好科学决策和发展预测；二是专业人员共享，专业人员仅有自己专业方面的资源，对其他部门资源不了解，知识大脑可以共享其他部门的资源，更好地提升专业人员的工作水平；三是企业员工共享，通过知识大脑使普通员工能够达到企业知识的平均水平。特别是新招收员工，通过知识大脑可以迅速学习到企业中的所有知识，加速了其成长过程。如某大型钢铁企业，第一台高炉运行已经50年了，有位老工人从进厂建高炉开始就参与了，在50年中他是高炉的建设者、操作者，对高炉的建设与运行了如指掌，他退休后高炉由新的年轻工人来操作，由于不熟悉这台高炉，所以经常产生问题甚至发生事故。厂领导亲自去请已退休的老工人把操作高炉几十年的经验写下来，老工人前前后后加起来总共写了9本笔记资料，这些资料进入企业的知识大脑后，年轻工人一下子就掌握了，这充分体现了知识大脑的作用。

三、经营数字资产

知识大脑是企业最宝贵的数字资产,数字资产从三个方面经营:其一知识大脑中的海量知识,为企业数字化提供重要"原料",特别是为企业大模型建设积累核心素材,企业要建专属大模型,这是最好的微调素材;其二知识大脑作为数字资产具有重大价值,数字资产是不断增值的,而且越用增值越大。未来企业的数字资产大于实物资产,许多实物资产也要数字化。数字资产通过运营来确权、流通、交易,最后能够变现,数字资产越来越重要;其三根据财政部的最新规定,数字资产能够进入到企业的资产负债表,增加企业的净资产。这对于知识密集型与数字密集型的企业是重大的利好,有利于增加轻资产企业的信贷规模与市场估值。原来轻资产企业特别是科技企业,没有房产,没有设备,固定资产是很少的,没有固定资产抵押银行不愿意贷款。现在把数字资产变成新的资产,同样可以抵押得到贷款。数字资产没有进入资产负债表,资本市场是不承认的,现在进表以后,企业净值资产增加,提高市场估值,对于企业的上市价格也高了。

第十七讲　数字化人才

数字化人才是数字化的关键所在,围绕数字化人才主要讲五个方面。

一、人才是关键

数字化发展的关键是人才,数字化转型升级首先是人的转型升级,解决数字化人才不是单纯地引进几个专业人才,而是全部人员的数字转型升级。

如常州某电力服务公司,主要搞变电服务,公司去欧洲、美洲招商时发现,许多跨国企业特别是世界500强企业的产业链进入要求提高了,以往对供应商的评审主要包括三个方面:一是质量要好,二是交货期要快,三是价格要适中。现在提出企业的数字化能力要与跨国公司相匹配,并且对数字化能力要进行考核，考核不仅要提供材料还要对人进行考试，主要考三个人，任意抽一个领导、一个中层干部、一个员工，如果考试合格了，说明企业的数字化能力与其能够匹配，就能进入跨国公司产业链。

二、领导数字化

人的数字化转型升级，首先是领导数字化。领导数字化不是要领导掌握所有的数字技术，而是领导要具有数字思维，核心是提高"数商"。人有智商有情商，现在要增加"数商"。"数商"是数据素养，是指一个人对数据的认识、理解、应用及效果程度的综合评价。

数字化有三个层次：第一个层次是数字理念；第二个层次是数字机制；第三个层次是数字技术。在三个层次中，数字理念始终是第一位的，所以要求人具有数字理念是合情合理的。

三、复合型人才

企业想要数字化，业务骨干的数字化转型升级尤其重要。在人工智能AI的大面积应用环境下，业务骨

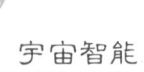

干必须将自己的专业技术与人工智能 AI 的技术相结合，努力使自己成为复合型的人才。

成为复合型人才，掌握通用人工智能大模型应用能力十分重要，主要是掌握以下三个方面的能力。

第一，大模型的提示能力。用好大模型关键要学会提问，大模型的提示能力十分重要。有个大学生，运用大模型提示能力比较强，每次使用它能够得出比较好的结果，其他的学生提示能力运用得比较差，得不出好的结果，这个大学生讲你们把想法告诉我，我来帮你们提问，然后把结论告诉你们，通过这项操作，这个大学生一个月就赚到了很多钱。

大模型提示能力运用要掌握六条原则：一是目的，首先将目的讲清楚，你到底要什么；二是需求，讲清楚实现目的基本要求；三是示范，用思维链示范引导，一步一步回答；四是简化，将复杂问题分解为小问题，一个一个小问题回答；五是反复问，每一次提问都是一次反馈，对大模型的训练和优化，所以你可以反复提问；六是身份，明确身份将有不同的回答。

第二，小场景微调能力。基础大模型主要在宏观上解决问题，如果是行业性的问题，要通过微调建立行业大模型；如果是场景中的问题，要将场景中的特征数据进行微调,大模型微调才能精准化。运用小场景中的特征数据来训练大模型,这是一种重要能力。

第三,人机协作能力。人机协作是核心能力,在大部分情况下是人与机器协作共同创造价值。人机协作是"二八原理":80%的基础智能由机器来完成,20%的核心智能由人工来完成。主要靠人的想象力和创造力,人有好的创意,机器来实现创意。

学习和提升大模型的应用能力要成为标配,每个业务骨干都要建立三个核心能力。

四、数字化的员工

普通员工也要数字化。每个员工都要从劳务型员工升级为数字化员工。人工智能正在替代重复性、机械性、简单化的工作岗位,但人工智能又能创造许多新的工作岗位。平均代替1个工作岗位,又会产生2.6个新岗位,为了不被下岗,要转岗培训。企业人事部发布100个新的工作岗位,里面有90个可能是数字化的岗位,这就要很多员工进行转化培训。有个案例,苏州某企业是工信部的智能制造示范企业。有次领导去参观,看到车间里每一个员工都在玩手机,车间主

任说手机是工作手机,是厂里发给大家工作用的。在机器旁边,一名员工正在把传感器上的数据采集到手机上,然后识别数据,再将数据上传到App里面去,实现设备的智能化。这样,原来是劳务员工现在变成数字化员工了,主要任务不是操作机器,而是操作数据,包括识别数据、采集数据、使用数据,这就是转岗培训的重要性。

五、数字化专业人才

数字专业人才缺口巨大,AI工程师更是"香饽饽",特别是AI博士,年薪高达上百万元,还要给股份。在美国的硅谷最缺的是三种人:第一是大模型提示工程师;第二是大模型训练工程师;第三是人工智能架构工程师。这三种工程师年薪都在百万美元。

高等院校要抓紧培养数字化的人才,特别是数字化的高级人才,以满足社会的迫切需求。每一个企业都有可能需要建立专门的数字化机构,设立首席数据官即CDO,还有数字总监,未来的商业布局中,数字化专业人才将起到关键作用,数字人才是重中之重。

第十八讲　智能经济

智能经济是数字经济的高级阶段，围绕智能经济主要讲两个方面。

一、智能经济规模

智能经济的规模非常大，根据麦肯锡研究院通过研究预测，如果300年来工业经济的规模为1，那么智能经济的规模为300，也就是说智能经济规模是工业经济规模的300倍，这个概念足见智能经济发展前景广阔。同时智能时代的社会影响力是工业时代社会影响力的3000倍，影响力变更大了。

二、智能经济构成

一是智能产业化。智能产业，主要包括智能硬件业，

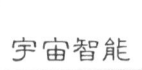

如芯片；智能软件业，如高级算法；智能服务业。每一个细分领域的产业规模都要达到万亿级水平。根据预测分析，到2030年全球的智能产业规模将达到52万亿美元，其中最具有发展前景的智能产业有算力芯片、人形机器人、类脑智能等，这些是附加值最高的智能产业。

二是产业智能化。现在所有产业都要向智能化发展，每个产业的潜在价值都很大，想要挖掘这些潜在价值，必须有新的工具，这就是人工智能技术。

人工智能技术有四大优势：第一是精准化。通过数据分析从最深层次洞察本质，精准化挖掘潜在价值；第二是高效化。人工智能是用计算机来计算的，效率大大提高；第三是协同化。人工智能用互联网来互联互通的，实现网络协同；第四是预判化，预先判断存在的问题，解决问题在先。这四大优势把企业的价值转化为现实的价值。

三是双重财富。在数字世界中，财富的创造一般是双重的。所谓双重财富：一是由自然人创造财富，包括自然人本身以及其数字化身；二是由AI创造价值，包括数字人和机器人，未来将成为创造财富的主体。数字人与机器人是能够无限复制的，且有三大优势，一是成本低，一般营运成本是人力营运成本的几十分之一；二是效率高，效率不是人能比的，人需要几天几小时，AI只需几秒钟、几分钟就能解决；三是质量好，人工智能应用算法是一丝不苟的，一定能够确保质量。

这种"双重财富"的创造主要在元宇宙空间，从人的角度来讲，数字化身、数字人都是到元宇宙里去活动的，这两种是活动的主体；从物的角度来讲，元宇宙生成的是数字资产、数字产品，大量的实物资源和资产都向元宇宙里面转移。由于元宇宙中产生财富的双重效应，有人预测到2030年全球新增GDP的80%是在元宇宙里面实现的，从而产生巨大的新财富。

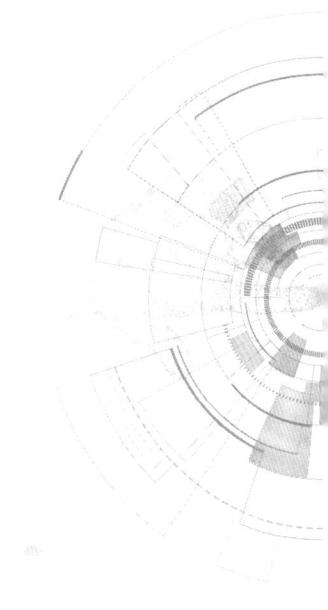

第十九讲　数字化改革

数字化改革要形成数字化的新机制，围绕数字化改革主要谈四个方面。

一、数字化转型升级

数字化的转型升级不是单纯地靠技术能够解决的，关键在于创新机制和体制，既要解放生产力，也要优化生产关系，制度创新比机制创新更为重要。浙江省将数字化转型升级上升为数字化改革，这是很大的创新。通过改革机制与体制来创造新的动力，新的动能，推动加快数字化转型升级。数字化转型升级有"三个不"：一是不懂转，好多人不懂数字化转型；二是不想转，许多人认为没有转的必要；三是不会转，不少人不会转。"三个不"是机制体制问题，必须通过机制体

制的创新来解决数字化的动力,增加数字化转型升级的积极性和创造性。

二、创造新机制

数字化要创造新的机制,改变经济的发展方式、产业的组织方式和企业的生产方式。数字化起什么作用,主要是改变方式作用。这些方式的创新都需要试错,因为创新的本质就是试错,因此要建立试错、容错、纠错的机制。数字化在发展中总会产生许多问题,这就需要过程。如操作上有个过程,不是技术不行而是不会操作,所以训练很重要。数据也要有积累的过程,开始时数据比较少,一下子看不到效果,当数据积累到超过一定程度其效益才真正能体现出来,特别是过了拐点以后,效益就会呈指数级增长,这些最开始都需要通过机制创新来解决。

三、组织新体制

数字化转型升级势必要改革组织体系,传统体制是金字塔形,主要功能是控制管理。在传统企业中,

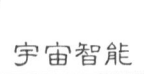

一层一层汇报,一层一层下达指令,主要靠控制和管理。数字化体制不是金字塔式,而是扁平化平台,主要为"大平台"+"小团组",其功能是赋能服务,赋能小团组,赋能权力,赋能职能,赋能资源,赋能能力,同时组织公共服务,协调各方关系。

小团组由员工自由组团,直接面向客户经营业务,根据贡献来共享经营成果。"海尔电器"就是个典型案例,它组织了新的数字化模式叫"人单合一",人是员工,单是订单。人单合一把海尔的几万名员工组成了几千个小团组,一般情况下每一个小团组大概7~8个人,最多不超过10个人。每一个小团组自己定目标,自己找客户,直接面向客户,直接取得经营成果,直接分享经营成果,小团组的活力是很强的。

企业大平台主要做两件事:一是对小团组赋予资源与权利;二是整体协同,共同发展。

四、监管新方式

强化监管,不是简单强调从严监管、加重责罚,重点在于监管转型,实质在于监管创新,通过监管转型和创新切实改进监管。对于数字化的监管要有创新方式，不能沿用传统经济的监管方式监管人工智能AI。一是监管要有利于创新，对新技术的监管应审慎，给予试错的机会，遇到问题不是"堵"而是要"疏"，通过梳理问题找到解决问题的办法，通过创新思路解决发展中的问题；二是监管要有弹性，不能是刚性的。监管要分级分类，不能一刀切，不能用一种办法，要从实际出发，不是从本本出发，实事求是来处理问题、解决问题才是有效的；三是监管要科学化，充分利用大数据技术创新监管方式，用新科技来解决创新中的问题，特别要用数字新技术效果就更好。监管方式的变革，是数字化改革中的关键环节。

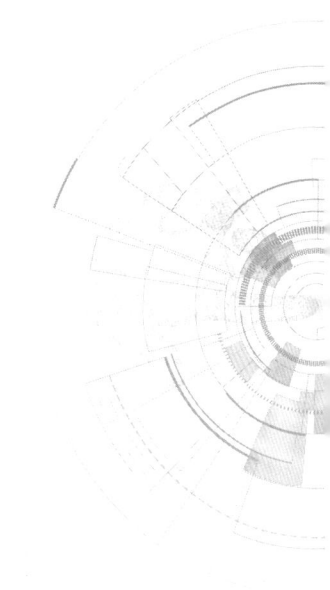

第二十讲　硅基生命

硅基生命是人工智能生成的新物种，围绕硅基生命主要谈四个方面。

一、硅基生命

人类是碳基生命，由碳元素不断进化而成，硅基生命是由硅元素组成的人工智能而成的，两者都具有智能。硅基与碳基有所不同，硅元素与碳元素相比有两个优势：一是硅元素连接能力比碳元素强，可以连接其他元素；二是硅元素与其他元素交互能力比碳强，所以硅基与碳基相比有更多的优势。单纯的人类个体智能是有限的，单纯的人工智能也有局限性的，现在将硅基智能与碳基智能融合发展。这里涉及一个公式"HI×AI=IA"，HI 是人类智能，AI 是人工智能，中间

不是加而是乘，乘是相互融合的，两个智能融合起来成为 IA，IA 就是超级智能。

硅基生命是人类生命的数字化，有两种形式：一种是"人脑+电脑"用脑机接口技术来实现，使两者融合起来；一种是专属数字人，由人的数字化身叠加人的思想意识，使数字人有了"灵魂"，人类生命的数字化是通过这两种方式来实现的。

二、人类的进化

人类进化是通过基因来进化的，这是一个漫长的过程，进化的时间比较长、比较慢。硅基生命的进化是通过程序编码来进化的，只要程序优化了也就进化了，这种进化初始阶段是比较慢的，随着人工智能的加速迭代，其进化的速度越来越快。当今自然与社会的变化是加速度的，人类基因的变化速度如果跟不上环境变化的速度，就会导致距离越来越大，这对人类进化是一个很大的挑战。硅基生命接受了人类上万年的知识，经过加工产生越来越多的新知识，反过来赋能人类的进化，使人类的智能更加适应于环境的变化，从而加快了进化的进程，所以人类的进化有赖于

硅基的赋能。

三、人类走向太空

人类的共同理想是走向太空。由于人类是肉体组成,无法飞向宇宙太空,因为缺乏超高速的交通工具,人类带着肉体没有办法走向宇宙空间。人类生命如果实现数字化,就能如量子一样在宇宙太空中自由飞行,数字形态的生命才是人类走向宇宙空间的必然之路。根据科学家分析,宇宙中的高级生命都是数字形态的生命。

四、人类实现永生

在元宇宙中,数字化生命是永恒的,现在有大量的数字化生命已经出现。如"数字京剧大师梅兰芳",将梅兰芳过去的视频、音频等大量素材数字化,就呈现一个数字梅兰芳,可以与梅兰芳对话,可以与梅兰芳学习唱京戏,这个就是梅兰芳永生的数字形态。又如数字苏东坡,苏东坡是大家都很喜爱的,将苏东坡的诗词和文章叠加到他的数字化身中间去,就呈现一个数字苏东坡,可以与他一起对话,与他一起喝酒,与他一起创作诗词。随着人工智能的深入发展,数字化生命将越来越多,实现人类走向永生。

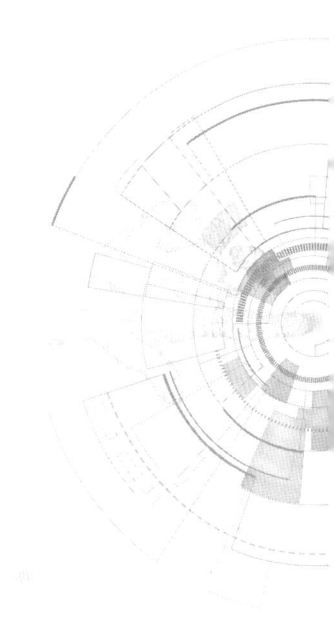

后记

《宇宙智能》新著是智能的集大成之作，在成书过程中得了诸多方面的支持，其中要重点感谢：

第一，林忠波先生，无锡和悦网络科技有限公司总经理，林总是无锡市服务业发展联合会会长，一直关注人工智能的研究和应用，林总作为好朋友对本书成书给予大力支持，在此表示衷心感谢！

第二，张晓春女士，南京大学研究生，是我的学生，现为江苏国联证券研究所首席研究员。张晓春为本书成书做了大量文字整理和英文翻译工作，在此表示衷心感谢！

AI革命正在蓬勃兴起，迅猛发展，势不可挡。AI革命的核心是AI思维，《宇宙智能》将为AI思维提供全新的指导。

钱志新

2025年5月